Hatune Dogan

Es geht ums Überleben

Hatune Dogan
mit Cornelia Tomerius

Es geht ums Überleben

Mein Einsatz für die Christen im Irak

FREIBURG · BASEL · WIEN

© Verlag Herder GmbH, Freiburg im Breisgau 2010
Alle Rechte vorbehalten
www.herder.de

Umschlagkonzeption:
Agentur R·M·E Roland Eschlbeck und Rosemarie Kreuzer
Umschlaggestaltung: Verlag Herder
Umschlagfoto: © action press

Satz: Barbara Herrmann, Freiburg
Herstellung: fgb · freiburger graphische betriebe
www.fgb.de

Gedruckt auf umweltfreundlichem, chlorfrei gebleichtem Papier
Printed in Germany

ISBN 978-3-451-30228-2

Inhalt

Prolog

Istanbul, Frühjahr 2009, im Büro des Hilfsvereins KAS-DER von Pater François, einer Anlaufstelle für christliche Flüchtlinge aus dem Irak. Ich war gekommen, um Kleider- und Geldspenden abzugeben, die ich über meine Stiftung, die Stiftung Schwester Hatune – Helfende Hände für die Armen, gesammelt hatte. Seit 2007 engagiere ich mich für irakische Flüchtlinge. Alle drei, vier Monate fahre ich in die Nachbarländer und helfe ihnen vor Ort. Nach Jordanien, Syrien, in die Türkei und in den Libanon gehen diese Reisen. Istanbul ist in der Regel meine erste Station.

Ich war gerade dabei, die Koffer mit der Kleidung auszupacken, als eine Frau hereinkam. Sie strahlte über das ganze Gesicht und hatte ein erwartungsvolles Leuchten in den Augen. Von ihr ging so viel Energie und Optimismus aus, wie ich es bei den Flüchtlingen, die ich in Istanbul getroffen hatte, bisher noch nicht gesehen hatte. Sie fiel mir sofort auf. Es schien, als hätte sich der ganze Raum verändert in dem Moment, als sie ihn betrat.

Die Frau suchte mit den Augen einen bestimmten Mitarbeiter und als sie ihn ausgemacht hatte, ging sie eilig auf ihn zu:

„Und, hast du Antwort aus Kanada?"

In diesem Moment verstand ich, was die Frau so zum Strahlen brachte. Es war die Hoffnung. Die Hoffnung darauf, endlich ausreisen zu können. In ein Land, in dem Christen nicht wie im Orient verfolgt und getötet werden. Nach Amerika, Australien, Europa. Die irakischen Christen, die nach Istanbul fliehen, rechnen damit, dass die

Chancen auf eine baldige Ausreise hier höher sind als in Syrien und Jordanien. Schließlich liegt die Stadt ja schon zur Hälfte auf dem europäischen Kontinent, man muss nur einmal den Bosporus überqueren. Und wird die Türkei nicht auch bald Mitglied der Europäischen Union?

Der Mitarbeiter bat die Frau, sich hinzusetzen. Doch sie war zu aufgeregt, als dass es sie auf einem Stuhl sitzend ausgehalten hätte. Als der Mann ihren Namen sagte, wußte ich auch, wer sie war. Ich hatte einen ihrer drei Söhne bei meinem letzten Besuch kennengelernt. Ein aufgeweckter Junge um die zwanzig. Er hatte mir erzählt, dass er und seine Brüder mit der Mutter Bagdad verlassen hatten, nachdem man den Vater ermordet hatte. Nennen wir die Mutter Nahida. Ihr Name ist geändert, wie es auch die Namen der anderen geflohenen Frauen, Männer und Kinder sind, die ich in diesem Buch erwähnen werde.

Nahida stand vor dem Schreibtisch, und der Mitarbeiter rang nach Worten: „Es tut mir leid, aber ich habe keine gute Neuigkeit für dich. Kanada nimmt im Moment keine Flüchtlinge mehr auf. Das Kontingent ist erschöpft."

Nahida starrte den Mann an, das Lächeln immer noch im Gesicht, so als hätte sie nicht verstanden, was er gesagt hatte. Doch langsam wurde ihr bewusst, was seine Worte bedeuteten. Dass sie wieder nicht ausreisen konnte. Dass sie bleiben musste, weiter ausharren in einer dieser elenden Kellerwohnungen, wo sie mit verschiedenen Familien auf engstem Raum hauste, als Illegale nicht arbeiten durfte und nicht wusste, wie sie sich und ihre drei Söhne ernähren sollte.

Jetzt setzte sie sich doch, sank auf den Stuhl, den ihr der Mann vorher angeboten hatte, und starrte apathisch geradeaus. Auf einmal klang ihre Stimme kalt und mutlos: „Dann bleibt mir nur noch eine Möglichkeit, der Hölle zu entkommen", sie holte tief Luft und erhob sich schwerfällig von dem Stuhl, als wäre sie mit einem Mal um Jahrzehnte gealtert, „Selbstmord ist meine einzige Chance."

Mir stockte der Atem. Wie angewurzelt stand ich da und schaute zu, wie sich Nahida zur Tür bewegte, mit gesenktem Kopf und hängenden Schultern.

Ich lief ihr nach. Ich wollte ihr helfen, ihr zuhören, für sie da sein. Ich führte sie in die Vereinsräume zurück, gab ihr einen Stuhl und ein Glas Tee. Da erzählte Nahida ihre Geschichte. Es ist eine jener Geschichten, wie ich sie schon so oft gehört hatte und die wie all die anderen zu Herzen geht und sprachlos macht.

„Mit Morddrohungen fing es an", erzählte Nahida.

Mit Morddrohungen. Auch meine Flüchtlingsgeschichte, die meiner Familie, begann so.

Flucht

Niemand hatte an das Gewehr gedacht. Weder mein Vater noch ich. Das Gewehr trug ich immer bei mir, wenn ich des Nachts zu meinem Vater auf den Weinberg ging. Erst schützte es mich auf dem Weg durch die Dunkelheit, dann uns beide bei der Nachtwache. Doch in dieser Nacht, in der Nacht vom 14. auf den 15. September 1984, sollte ich nicht wie sonst auf den Weinberg kommen.

„Bleib heute zu Hause", sagte mein Vater. „Du wirst hier mehr gebraucht." Er blickte kurz zum Haus, in dem meine Mutter gerade das Abendessen zubereitete. Meine älteste Schwester war mit ihrem Mann zu Besuch. Sie wohnten viele Kilometer entfernt, an der Grenze zum Irak, und kamen nicht oft zu uns. Zur Feier des Tages hatte mein Vater am Morgen zwei Hühner geschlachtet. Da mein Schwager nur Kurdisch und Ostsyrisch sprach, meine Mutter jedoch nur Aramäisch, sollte ich da bleiben, um zu übersetzen.

„Und du?", fragte ich.

„Ich werde gehen."

Ich merkte, wie schwer es meinem Vater fiel, uns mit dem Besuch allein lassen zu müssen. Für jeden Fremden öffnen wir unser Haus, bewirten ihn mit unserem Brot und unseren Früchten, schenken ihm Wein und Säfte ein, tränken seine Pferde und richten ihm die Bettstatt her. Es ist diese selbstverständliche Gastfreundschaft, die man gern mit den Orientalen verbindet. Dabei haben die sie einst von uns gelernt. Und wir wiederum von Abraham, der selbstlos und ohne jede Absicht die Gäste Gottes empfing, großzügig bewirtete und beherbergte. Für meinen Vater als Christen ist Gastfreundschaft keine bloße Tugend, sondern ein tiefes Bedürfnis. Und ausgerechnet jetzt, wo seine älteste Tochter mit ihrem Mann gekommen war, musste er gehen.

Er hatte keine Wahl. Die Trauben waren fast reif. Nur wenige Sonnenstrahlen brauchten sie noch, bis sie die richtige Süße und pralle Größe erreicht hätten und wir sie ernten könnten. Aus den Trauben machten wir Wein, Säfte und Sirup oder ließen sie zu Rosinen trocknen. Dreihundert Liter Wein produzierten wir im Jahr. Rosinen hatten wir oft tonnenweise, manchmal füllten die Säcke zwei ganze Räume, während sich in den Regalen der Weinkuchen stapelte. Den Weinkuchen stellten wir aus Sirup her, gossen dafür die dicke Soße über schweres Leinen, ließen die Masse in der Sonne gehen und falteten dann die getrockneten und elastischen Fladen in Dreiecke zusammen. Den ganzen Winter über hatten wir eine nahrhafte Süßigkeit – eine Art Weingummi, wenn man so will. Bis heute lasse ich mir den Weinkuchen aus der Türkei mitbringen. Wenn ich ihn hier, fern der Heimat, auseinanderzupfe und mir der schwache Geruch, in dem neben der Frucht auch das frische Leinen leicht zu ahnen ist, entgegenströmt, muss ich nur die Augen schließen und bin wieder in meinem Heimatdorf Zaz im Südosten der Türkei. Dann spaziere ich durch die fruchtbaren Weinberge, klettere durch die Kronen unserer 48 Mandelbäumchen, die so dicht aneinander stehen, dass man sie nacheinander erreicht, ohne den Boden zu berühren, und laufe über unsere Felder, auf denen nahezu alles wächst, was man zum Leben braucht – Auberginen, Tomaten, Paprika, Melonen, Granatäpfel, Oliven, Getreide … Wir hatten von allem reichlich. Doch wenn die Früchte reif wurden, mussten wir aufpassen, damit uns keiner so kurz vor der Ernte alles zunichtemachte. So wie es erst wenige Wochen vor dem Besuch meiner Schwester in unserem Dorf geschah.

Drei junge Männer waren von der Armee zurückgekommen, und das ganze Dorf feierte ihre unversehrte Heimkehr. Ein solches Ereignis ist bei uns immer Anlass für ausgelassene Freudenfeste. Werden Christen in die türkische Armee eingezogen, glauben ihre Angehörigen in der Regel nicht, dass sie sie jemals wiedersehen. Unter Tränen werden die Söhne verabschiedet. Nicht, weil ein Krieg ausbrechen und sie als Soldaten fallen könnten. Sondern weil sie den Krieg vom ersten Fahnenappell an haben – und zwar in der eigenen Kompanie. Vom ersten Tag an sind sie der Feind, das Opfer von Schikane, Misshandlung und Folter, sowohl seitens der Kameraden wie der Offiziere. Ich kenne die Geschichten von meinem Vater und meinen Brüdern. Es sind immer dieselben, auch wenn ein paar Jahrzehnte dazwischen liegen. So fand sich mein Vater am Anfang seiner Armeezeit eines Abends nach dem Duschen achtzig Männern gegenüber, die ihn beschimpften und bespuckten, weil er als Christ nicht beschnitten war. Sie schrien ihn an, dass er sich beschneiden lassen und ein ordentlicher Muslim werden solle. Doch mein Vater blieb standhaft. „Ich bin bereit zu sterben, aber meinen Glauben wechsele ich nicht", rief er, was die anderen nur noch mehr erregte. Die Spitzen der Soldatenstiefel bohrten sich in seinen Leib, der Speichel der Männer floss über seinen Körper. Mein Vater hat die Armeezeit überlebt, mein Bruder auch. Sie hatten Glück. So wie auch die drei jungen Männer aus unserem Dorf, für die das Fest ausgerichtet wurde. In dieser glücklichen Nacht hatte niemand daran gedacht, auf den Feldern, wo die Wassermelonen gerade reiften, Wache zu halten.

In dieser glücklichen Nacht fühlte man sich unverletzbar, sicher und außer Gefahr. Schließlich hatten die drei jungen Männer die Armeezeit überstanden. Das machte Hoffnung – und leichtsinnig.

Und in dieser Nacht kamen sie. Mit Messern, Säbeln und Dolchen haben sie sich über die Felder hergemacht, haben die Früchte niedergemetzelt wie eine Armee böser Feinde. Gestohlen haben sie nichts, nur zerstört. Und das gründlich. Als die Familien am nächsten Morgen, noch müde vom Freudenfest der vergangenen Nacht, auf die Felder kamen, bot sich ihnen ein grausames Bild. Alles war rot vom Fleisch der Melonen, das aus den aufgeschlitzten Schalen quoll und sich über die ganzen Felder, es waren über dreißig, ergoss. Keine Frucht war ganz geblieben. Doch viel schmerzlicher als der Verlust der Ernte war die Angst vor der blinden Zerstörungswut, mit der sie die Früchte der Christen kaputt gemacht hatten. Denn diese galt nicht den Melonen. Sie galt den Menschen.

„Aber dann bist du allein auf dem Feld", sagte ich zu meinem Vater, und der Gedanke beunruhigte mich so sehr, dass ich mich am liebsten seinem Wunsch widersetzt und ihn auf der Stelle begleitet hätte.

„Keine Sorge, Hatune", antwortete mein Vater und wandte sich zum Gehen. Ich hielt ihn zurück, strich ihm über den Kopf, rieb meine Handfläche kurz an seinem Haaransatz und gab ihm dann einen schnellen Kuss auf die Stirn. So hatten wir uns immer verabschiedet, es ist unser ganz eigenes Ritual. Dann machte er sich auf den Weg. An das Gewehr hatten wir beide nicht gedacht. Und so war mein Vater ausgerechnet in dieser Nacht ganz allein und ohne Waffe auf dem Weinberg.

Schon im 14. Jahrhundert vor Christus war das Land, auf dem wir lebten, von unseren Vorfahren besiedelt: den Aramäern. Noch heute sprechen wir Aramäisch, die Sprache Jesu. Aramäer waren es auch, welche die erste christliche Gemeinde außerhalb Palästinas gründeten – in Antiochien, der drittgrößten Stadt der Antike, in die damals vor gut zweitausend Jahren Juden und Apostel aus Palästina vor der Christenverfolgung Zuflucht fanden. Aus der urchristlichen Gemeinde entwickelte sich die erste Kirche der Welt: die Syrisch-Orthodoxe Kirche von Antiochien. Sie war Mutter und Ursprung aller östlichen und westlichen Kirchen. In Antiochien war auch zum ersten Mal in der Geschichte von Christen die Rede. „Christianoi" nannte man die Anhänger dieser neuen Gemeinde. Von Antiochien aus, dem heutigen Antakya, verbreitete sich das Christentum schließlich in der ganzen Welt.

Das Zentrum der Syrisch-Orthodoxen Kirche von Antiochien lag jedoch gut sechshundert Kilometer weiter östlich in Mesopotamien: in den Dörfern des Tur Abdin, dem Kalksteingebirge im heutigen Südosten der Türkei, meiner Heimat. Bereits im 1. Jahrhundert wurden die hiesigen Aramäer von den Aposteln Thomas und Thaddäus zum Christentum bekehrt. „Syrer" nannten sich die aramäischen Christen fortan, um sich von ihren heidnischen Brüdern zu unterscheiden. Bis heute bezeichnen wir uns so, auch wenn dies mit Blick auf das heutige Syrien zuweilen für Irritationen sorgt. Zahlreiche Kirchen und rund achtzig Klöster entstanden in den Orten des Tur Abdin, die große Gelehrte und Mönche hervorbrachten. „Berg der Knechte Gottes" heißt Tur Abdin übersetzt. Manche sagen auch wegen der ungewöhnlichen Dichte an sakralen Bauten „Berg Athos des Ostens" dazu.

Allein vier Kirchen hatte schon Zaz, das Dorf, in dem ich geboren wurde. Mor Dimet ist die älteste. Erhaben thront die wehrhafte Anlage auf dem Berg und ist schon von Weitem zu sehen, wenn man sich dem Ort nähert. Vor der Christianisierung wurde das burgähnliche Gebäude erst als Sonnentempel genutzt, dann als Militärstützpunkt der Assyrer. Doch schon ab 192 war es eine christliche Kirche. Anfang des 4. Jahrhunderts, im Jahr 312, kam St. Johannes in unser Dorf und taufte in dem kleinen Weiher 3333 Menschen. Ihre Nachfahren – einige von ihnen leben nun in Heidelberg – nennen sich bis heute Zazoye. „Aus Zaz stammend" heißt das übersetzt.

Doch die Christen im Tur Abdin hatten es von Anfang an schwer. Ständig gerieten sie zwischen die Fronten und wurden verfolgt. Vom 4. bis zum 7. Jahrhundert bildete der Gebirgszug die Grenze zwischen Oströmern und den Sassaniden. Später kamen die Perser. Und mit ihnen der Islam. Zu Beginn haben die Syrer noch geglaubt, Gott habe den Islam geschickt, um sie von den Oströmern zu erlösen. Doch nach den Christenverfolgungen der Römer kamen jetzt die Missionszüge der Muslime. Die Christen wurden gezwungen zu konvertieren – wenn auch nicht immer mit Gewalt, so doch mit zahlreichen Verboten und Schikanen, deren Missachtung mit dem Tod bestraft wurde. In den Städten durfte ein christliches Haus keine zehn Zentimeter höher sein als die Häuser der Muslime. In dieser Zeit verschwanden die Kirchtürme aus den Städten. Christen mussten bei der Feldarbeit Balkenkreuze tragen und sich anders als die Muslime kleiden, damit jeder schon von Weitem die Ketzer erkannte. Christen durften auch nicht auf Pferde steigen. Als einer einst dennoch beim Reiten entdeckt und von Muslimen verfolgt wurde, ritt er auf ein Kloster zu, in der Hoffnung, dort dem Tod zu entkommen. „Macht die Tore auf", rief er. Dem Reiter wurde Einlass gewährt. Doch sein Vergehen sollte allen Mönchen und Schwestern des Klosters das Leben kosten.

Zweihundert Jahre dauerte diese Schikane, viele Christen haben in jener Zeit aufgegeben und sind konvertiert. Die Islamisierung der Türkei war bekanntlich sehr erfolgreich. Wie ein Wunder scheint es da, dass sich im Tur Abdin über die Jahrhunderte bis heute überhaupt noch christliche Dörfer halten konnten. Der Grund ist vor allem in der Geografie zu sehen. Der Tur Abdin ist ein gebirgiges Land und etwas mühsam zu erreichen und zu durchqueren. Hier gab es weder bedeutende Großstädte noch wichtige Handelswege. Die Islamisten sahen daher wenig Sinn darin, sich auf den beschwerlichen Weg zu machen und die Dorfbewohner hier mit harter Hand zu missionieren.

Ihren Frieden fanden die 382 christlichen Dörfer des Tur Abdin deswegen jedoch noch lange nicht. Kein Jahrzehnt verging ohne Plünderungen, Morde, Entführungen und Vergewaltigungen. Im frühen 18. Jahrhundert zum Beispiel zogen Prinz Bidin aus Amida (später Diyarbakır) und Prinz Schemdin aus dem kurdischen Gazira im Tur Abdin ein und richteten ein ungeheures Blutbad an. Bidin, so beschreibt der Priester Johannon aus Beth Sbirino im Jahr 1711, „tötete jeden Menschen, den er traf. Im Dorf Bote zertrümmerte er den Altar der Mor-Aphrem-Kirche und zerstörte das ganze Dorf. Im Dorf Zaz gab er Befehl, die Mor-Dimet-Kirche in Trümmer zu legen. Er zerstörte auch andere Dörfer und Kirchen und zerstreute Familien und Sippen. Von Midun bis Botan steckte er alles in Brand. Bei diesem bitteren Schicksalsschlag wurden selbst Kleinkinder, Kinder und Frauen umgebracht. Und so wüteten sie fünfzig Tage lang, in denen sie plünderten und mordeten."

Rund hundert Jahre später plünderte und mordete Mohammad Pascha, bekannt als Prinz Kur des großen kurdischen Dorfes Rawanduz, im Tur Abdin. Bischof Gewarigs aus Azech beschreibt in einem Gedicht die Ermordung der Kinder und jungen Männer, des Priesters Simon, des Diakons Ebed Mschiho, des in den Wissenschaften und in der Geschichte bewanderten Diakons Murad und des Diakons Behnam. Der Kurden-Prinz „führte Krieg gegen die Christen, tötete die Männer mit dem Schwert, nahm Tausende gefangen, ließ die göttlichen Melodien in den Kirchen und Klöstern verstummen."

Vor allem gegen Ende des 19. und dann im 20. Jahrhundert kam es zu Massakern durch die osmanische Armee und kurdische Banden, deren grausamer Höhepunkt das Jahr 1915, das sogenannte Jahr des Schwertes, war. Zwei Millionen Christen wurden in diesem Völkermord in der Türkei vernichtet: 1,5 Millionen Armenier, 500 000 Syro-Aramäer. Im Tur Abdin sind ganze Dörfer entvölkert worden. Auch Zaz, mein Dorf, hat einen Großteil seiner Bewohner verloren.

Die syro-aramäischen Christen, die den Genozid von 1915 in der Türkei überlebten, waren für den Staat sowie für die Welt allerdings kaum noch existent. Anders als den griechisch-orthodoxen Christen, den armenischen Christen und den Juden wurde der syrisch-orthodoxen Religionsgemeinschaft im Friedensvertrag von Lausanne 1923 nicht der Status einer offiziell anerkannten religiösen Minderheit eingeräumt. Deshalb haben wir in der Türkei noch weit weniger Rechte als andere Minderheiten. Wir dürfen keine Schulen einrichten und unterhalten. Wir müssen staatliche Schulen besuchen und an der muslimischen Religionskunde teilnehmen.

Der staatliche Stundenplan sah zwei Stunden wöchentlich für muslimische Religionskunde vor. Auch in meiner Schule, obwohl nur Christen sie besuchten und der einzige Muslim der Lehrer war. Wir Schüler hatten uns von Anfang an darauf verständigt, den Religionsunterricht zu boykottieren, wir wollten unter keinen Umständen daran teilnehmen. Das blieb natürlich nicht ungestraft. Wenn die Schulglocke am Freitag die Religionskunde ankündigte, mussten wir alle an die Tafel und die Hände vorstrecken. Der Lehrer zückte sein langes Lineal – es war aus schwerem, scharfkantigem Metall – und schlug auf unsere Hände. Vier Schläge auf die linke Hand, vier Schläge auf die rechte. Hatten alle ihre Prügel erhalten, waren wir entlassen und durften die nächsten zwei Stunden spielen, lesen oder malen – sofern die geschwollenen Finger den Stift überhaupt noch ohne Zittern halten konnten.

In der Schule mussten wir Türkisch sprechen. Aramäisch, unsere Muttersprache, war strengstens verboten. Nicht einmal in den Pausen durften wir uns auf Aramäisch unterhalten. Eines Tages, wir waren in der dritten Klasse und hatten Pause, ging Habib zur Tafel. Von seinem älteren Bruder, der Diakon war, hatte er gelernt, seinen Namen auf Aramäisch zu schreiben. In der Schule lernten wir nur Türkisch, in unserer Muttersprache blieben viele von uns, wie meine Eltern, Analphabeten. Sogar unsere Namen hatte man türkisiert, Dogan ist nicht mein ursprünglicher Familienname. Früher hießen wir Josef. Und auch Zaz ist in den türkischen Schulatlanten nicht zu finden, dafür an seiner Stelle ein Ort namens İzbırak. Habib also war stolz auf seine ersten aramäischen Buchstaben und wollte uns zeigen, was er gelernt hatte. Er schrieb gerade das H mit dem A darüber an die Tafel – in der aramäischen Sprache sind die Vokale über den Buchstaben –, als wir auf dem Flur die schnellen Schritte des Schuldirektors hörten. Wir stürmten an unsere Plätze; es blieb keine Zeit, die verbotenen Lettern wegzuwischen. Der Direktor trat ein, entdeckte den aramäischen Buchstaben an der Tafel und geriet in Rage. „Welcher Ketzer hat diesen ketzerischen Buchstaben geschrieben?", schrie er in den Raum, der Kopf puterrot vor Wut.

Wir schwiegen, alle. Wir wussten, wenn wir Habib verraten, hat der Direktor das Recht, ihn zu Tode zu schlagen. Der Direktor wiederholte seine Frage, lief ungeduldig vor uns auf und ab wie ein Tiger in einem Käfig. Im Raum war es unerträglich still. Nur die Schritte des Direktors waren zu hören. Dann brüllte er: „Ihr habt es nicht anders gewollt! Alle nach vorn an die Tafel!"

Wir stellten uns auf, wie wir es auch freitags immer zum Boykott der Religionsstunde taten, streckten die Hände vor und erwarteten unsere Schläge. Doch mit den gewohnten Freitagsschlägen waren die, die der Direktor uns jetzt verpasste, nicht zu vergleichen. Sie waren viel härter und brutaler. Habibs Bruder, der neben mir stand, zog aus Reflex immer seine Hände vor dem Stock zurück. Daraufhin wurde der Direktor immer wütender. „Ein Ketzer-Schüler versteckt seine Hand nicht vor mir!", brüllte er, ergriff mit seiner linken Hand die des Jungen und schlug mit der rechten zu. Ich sah fassungslos zu, wie die kleine Hand des Jungen rot wurde, sich eine große Blase auf ihr erhob und diese platzte. Und der Direktor schlug immer weiter. Als wäre der arme Junge schuld am ganzen Unglück dieser Welt.

Später gehörte es zu meinen Aufgaben als Schulsprecherin, die Namen derjenigen Schüler aufzuschreiben, die in den Pausen Aramäisch sprachen, damit der Lehrer sie dann bestrafen konnte. Ich wollte das nicht machen. Ich wollte auch nicht Schulsprecherin sein. Aber dazu wurde immer der Schüler oder die Schülerin mit den besten Noten bestimmt. Und das war leider ich. Es war eine ausweglose Situation, ein klassisches Dilemma: Wenn ich die Namen der Schüler nicht aufschrieb und der Lehrer hörte, dass sie sich in ihrer Muttersprache unterhielten, war ich es, die er schlug. Schrieb ich die Namen jedoch auf, bekam ich ebenfalls Prügel: von meinen Mitschülern, in deren Augen ich eine Verräterin war. Ich habe schließlich die Schläge der Lehrer vorgezogen. Die der anderen Kinder haben mehr wehgetan. Der Schmerz ging da nämlich tiefer – direkt ins Herz.

Während mein Vater allein und ohne Waffe auf dem Weinberg war, haben wir zu Hause zu Abend gegessen, die neuesten Geschichten ausgetauscht und die laue Sommernacht genossen. Da meine Schwester und ihr Mann von der langen Reise müde waren, gingen wir jedoch bald zu Bett. Wir schliefen im Sommer immer auf den Dächern unserer Häuser, da es im Tur Abdin dann durchschnittlich 36 Grad warm ist und in geschlossenen Räumen des Nachts schon mal bis zu 60 Grad heiß wird. Von Mai bis Oktober regnet es praktisch nicht, so dass wir nicht fürchten müssen, von einem Sommerregen aus dem Schlaf gerissen zu werden.

Für mich war es ungewohnt, so früh zu Bett zu gehen. Seit meinem elften Lebensjahr, als meine vier älteren Geschwister aus dem Haus waren und ich die Verantwortung für meine fünf jüngeren Geschwister übernahm, hatte ich nur noch sehr wenig geschlafen. Mein Tag sah in etwa so aus: Vor Sonnenaufgang stand ich auf, melkte das Vieh und brachte es zur Herde. Dann bepackte ich den Esel und das Pferd mit dem Proviant sowie den Arbeitsgeräten und ging mit meinen Eltern und Geschwistern auf das Feld, wo wir bis zum Abend arbeiteten. Kamen wir heim, melkte ich das Vieh, während mein Vater schon zur Wache ging. Er wollte vor Sonnenuntergang auf seinem Posten sein. Ich folgte ihm, sobald ich mit meiner Arbeit fertig war. Bis eins blieben wir draußen. Doch wenn wir dann nach Hause kamen, war unser Tagwerk noch lange nicht vollbracht: Mein Vater baute ein neues Haus, und da wir tagsüber nicht dazu kamen, mussten wir eben in der Nacht daran weiterbauen. Es sollte unser größtes Haus werden, mit dreizehn Zimmern und einem Dach – so groß, dass wir alle und auch unsere Gäste bequem darauf Platz hätten. Ein paar Stunden lang füllten wir Erde in Eimer, die wir über eine Winde nach oben zogen, um das Flachdach aufzufüllen. Als meine Schwester und mein Schwager zu Besuch kamen, war das Dach noch nicht ganz fertig. Wir schliefen auf dem alten Haus.

Ich war gerade eingeschlafen, als ich plötzlich von lauten Stimmen geweckt wurde. Der Nachbar stand unten am Haus und rief meiner Mutter zu: „Nichte, wo ist dein Mann?" Meine Mutter stillte gerade meine jüngste Schwester Hadiya.

„Der ist am Weinberg", rief sie hinunter.

Ich war auf einen Schlag hellwach und auf den Beinen. Unser Haus stand am Dorfrand und war das letzte vor den Weinbergen. Ich blicke hinüber, doch in der Dunkelheit war nichts zu sehen. Aber dann hörte ich die Stimmen. Viele, laute, aufgebrachte Stimmen schallten vom Weinberg hinüber. Mein Vater, dachte ich nur, er ist in Gefahr!

Für meine Mutter war schon alles zu spät. „Oh ihr Armen", jammerte sie und wiegte das weinende Kind an ihrer Brust, „eurer Vater ist getötet worden."

Doch das wollte und konnte ich nicht glauben. Und hatte ich nicht auch gerade noch die Stimme meines Vaters gehört? Wir mussten zu ihm. Alles war in heller Aufregung. Mein Schwager wäre fast vom Dach gesprungen, weil er in der Dunkelheit die Treppe nicht fand. Wir konnten ihn gerade noch zurückhalten. Und dann liefen wir, rannten, als wären Verfolger hinter uns her. Der Nachbar wollte mich und meine Schwester noch aufhalten: „Ihr Mädchen dürft da nicht hin", schrie er, „ihr werdet vergewaltigt und entführt!"

Doch mir war in dem Moment alles egal. „Mein Vater ist in Gefahr!", schrie ich unter Tränen. Und rannte weiter. Mein Vater, mein geliebter Vater! Sie dürfen ihm nichts antun! Wie soll ich denn leben ohne ihn? Wie kann sich die Welt weiter drehen, wenn er nicht mehr ist? Ich lief und weinte gleichzeitig. Während ich lief dachte ich unentwegt an meinen Vater. An sein gütiges, liebes Gesicht. An seine Wärme und Zärtlichkeit. An seine Frömmigkeit und Ernsthaftigkeit, wenn er sonntags für uns Schulkinder, denen es – quasi als Soldaten des Staates – verboten war, zur Kirche zu gehen, die Predigt des Pfarrers wiederholte. Wie er uns dann zur Eile mahnte, sagte: „Setzt euch schnell hin, ihr wisst, noch sind die Worte frisch in meinem Kopf. Und ein zweites Mal bekomme ich die Predigt sicher nicht mehr zusammen." Wie liebte ich meinen Vater in dieser frommen Verantwortung für seine Familie. Und jetzt war er in Gefahr!

Wir hatten die kleine Mauer, die den Weinberg umgab, erreicht, doch die Stimmen waren nicht mehr zu hören. Wir lauschten in die Dunkelheit, Unheil ahnend, gingen vorsichtig und suchend. Furchtbare Momente der Ungewissheit und Angst waren das. Josef, unser Nachbar, rief den Namen meines Vaters. Ich betete in meinem Herzen. Und er kam von oben und wir von unten, und auf einmal stand er vor uns: mein Vater. Ich fiel ihm um den Hals, unendlich glücklich und erlöst. Ich wollte ihn nie wieder loslassen. Mein Vater zitterte am ganzen Körper. Dann erzählte er uns, was geschehen war.

Auf dem Grundstück des Nachbarn waren Diebe eingedrungen und hatten sich an den Trauben zu schaffen gemacht. Mein Vater dachte erst, es handle sich nur um gewöhnlichen Mundraub. Der war bei uns gestattet. Ganze vier Familien in unserem Dorf – Muslime, die sich 1915 in den Höfen ermordeter oder geflohener Christen einquartiert hatten – lebten allein vom Mundraub, von den Früchten unserer Arbeit. Wir hatten uns daran gewöhnt. Eine halbe Stunde hatte mein Vater darauf gewartet, dass die Diebe sich endlich wieder vom Acker machten. Bis dahin blieb er still und gab sich nicht zu erkennen. Doch nach einer halben Stunde wüteten die Diebe immer noch im Weinberg. Mein Vater musste einschreiten. „Ich kann nicht zulassen, dass diese Diebe die Früchte meines Mitbruders klauen. Es sind nicht nur Trauben!", dachte er. Doch er war allein und hatte keine Waffe bei sich. Die anderen waren zu sechst und ganz bestimmt bewaffnet. Was tun? Er bekreuzigte sich und betete. Dann sammelte er ein paar Steine von der Größe, dass es ordentlich weh tut, wenn man sie abbekommt, und zielte auf einen der Diebe. „Aua", schrie der, und mit einem Schlag wurde den Dieben bewusst, dass sie nicht allein auf dem Weinberg waren. Mein Vater befand sich in großer Gefahr. Doch er besann sich auf eine List. Er tat einfach so, als wären die anderen, die Besitzer der Weinstöcke, auch in der Dunkelheit mit ihm auf Wache. Er unterhielt sich mit den fiktiven Freunden, rief: „Danho, sie laufen in deine Richtung!" Oder: „Lahdo, hier sind sie!" Daraufhin hatten die Diebe einen ordentlichen Schreck bekommen und waren geflohen.

„Hier war es", sagte mein Vater und zeigte uns die Stelle, wo die Diebe gewütet hatten. Wir kletterten über die Mauer, um den Schaden zu begutachten. Doch plötzlich, ich stand gerade auf der Mauer, wurde auf uns geschossen. Die Plünderer hatten gemerkt, dass sie reingelegt worden waren und kehrten zurück, um sich zu rächen. Josef rief, wir sollten uns alle auf den Boden werfen, damit uns nichts geschehe. Dann beschimpfte er die Diebe in kurdischer Sprache: „Ich bin ein Schwein und ficke eure Mutter." Muslime hassen ja Schweine, und die Schändung der Familie ist in etwa das Schlimmste, was man ihnen antun kann. Josef hatte auch ein Gewehr dabei und schoss damit in die Luft. Bald kam das ganze Dorf zusammen, alle wollten wissen, was vor sich ging. Doch da waren die Diebe schon längst wieder weg. Die Polizei wurde gerufen, und mein Vater nannte den Beamten die Namen der Plünderer. Er hatte sie erkannt, es waren Leute aus einem der Nachbardörfer. Auf einmal merkte ich, dass meine Zehen nass waren. Ich schaute an mir herunter und stellte fest, dass der ganze Boden mit Weintrauben bedeckt war. Die Polizisten hatten Strahler dabei und leuchteten damit die Reihe der Rebstöcke entlang. Und dann sahen wir die großen Körbe, in denen die Diebe ihre Beute gesammelt hatten: riesige Kiepen, manche zum Teil schon randvoll. Offensichtlich hatten sie vorgehabt, alles restlos abzuernten. Wir konnten es nicht fassen.

Die Polizisten haben die Körbe mitgenommen. Damit schien der Fall für sie erledigt.

„Papa", fragte ich, „warum stecken sie die Weintrauben ins Gefängnis und nicht die Diebe?"

„Weil es für die Polizisten besser ist, die Weintrauben festzunehmen, statt die Muslime. Ein Muslim darf nämlich nicht wegen eines Christen bestraft werden und im Gefängnis landen."

Ich wusste nicht, ob ich weinen oder lachen sollte.

Nach zwei Wochen wurde die Angelegenheit vor dem Gericht verhandelt. Es blieb bei dem, was mein Vater vermutete hatte: Die Weintrauben waren schuld, nicht deren Diebe. Doch obwohl die Plünderer ungestraft davonkamen, ließen sie die Sache nicht auf sich beruhen. Sie waren zum Gespött der Leute geworden. „Wie, ihr wart sechs Männer mit Waffen, und habt euch von einem einzigen Ketzer, der noch nicht mal ein Gewehr dabei hatte, in die Flucht schlagen lassen?" Sprüche wie diese mussten sich die Plünderer häufiger anhören. Und es kratzte an ihrer Ehre. Eines Tages versammelten sie sich in der Stadt Midyat in der Nähe einer Bushaltestelle. Der Zufall wollte es, dass zwei Christen aus unserem Dorf zufällig in der Nähe waren und Zeugen wurden.

„Wenn wir den Sohn Josefs in die Hände kriegen", so schworen die sechs Muslime auf den Koran, „zerkleinern wir seinen Leib in Stücke so groß wie sein Ohrläppchen."

Und was ein Muslim auf den Koran schwört, tut er auch. Sonst verliert er seinen Glauben und seine Ehre.

Die beiden Nachbarn, die den Schwur mitgehört hatten, eilten sofort zu unserem Haus.

„Ist dein Mann da?", fragten sie meine Mutter. Ich war auch im Haus, da Ferien waren und wir Kinder nicht in die Schule mussten.

„Nein, er ist auf den Feldern."

„Dann hör gut zu, was wir dir zu berichten haben, Cousine", sagten die beiden und erzählten von der Versammlung der sechs Plünderer und was sie sich geschworen hatten. „Sag deinem Mann, dass er nicht mehr ohne Waffe auf dem Feld arbeiten soll. Sein Leben ist in höchster Gefahr!"

Meine Mutter schaute mich an und uns beiden schossen die Tränen in die Augen. Wir sagten nichts, wir verstanden uns ohne Worte. Uns war schlagartig bewusst geworden, dass wir in diesem Moment unsere Heimat verloren hatten. Dass wir unseren Hof und unsere Ländereien verlassen mussten, so wie es schon viele unserer Brüder und Schwestern vor uns getan haben, die nach Europa, Australien oder Nordamerika ausgewandert sind, oder nach Syrien, in den Libanon, den Irak.

Wir bedankten uns bei den beiden Männern für die Information und überlegten dann, wie wir es dem Vater beibringen sollten.

„Du musst es machen, du musst ihn davon überzeugen, dass er in Lebensgefahr ist", sagte meine Mutter, „Auf mich hört er doch nicht." Und das war leider Gottes die Wahrheit. Mein Vater hatte schon lange aufgehört, meine Mutter mit ihrem ständigen Gezeter und Gejammer ernst zu nehmen. Irgendwann hatte er sogar begonnen, sich einen Spaß daraus zu machen, die Verbote meiner Mutter vor unseren Augen zu missachten. So steckte er sich zum Beispiel immer dann, wenn sie ihn wieder anschrie, dass er endlich mit dem Rauchen aufhören solle, erst recht eine neue Zigarette an, zog genüsslich daran und blies mit einem breiten Grinsen die Rauchkringel in die Luft.

Mir war also die schwere Aufgabe zugefallen, meinem Vater die schlechte Nachricht zu überbringen. Ich überlegte, wie ich es am besten anstellen sollte. Dann versammelte ich meine Geschwister um mich herum und erzählte ihnen, was passiert war. Alle weinten, alle hatten Angst um unseren Vater. „Hört zu", sagte ich dann, „wenn Papa heute Abend nach Hause kommt, macht genau, was ich sage. Wir werden alle vor ihm knien. Ich werde reden. Und ihr werdet sagen: ‚Bitte, bitte, Papa!' Mehr müsst ihr nicht sagen."

Als der Vater vom Feld kam, knieten wir uns also vor ihm hin wie abgesprochen. Ich nahm seine Hand und sagte: „Vater, ich muss dir etwas Wichtiges mitteilen." Doch dann versagte mir die Stimme.

Besorgt blickte mein Vater mich an: „Was ist geschehen, mein Kind?"

Es dauerte ein paar Augenblicke, bis ich mich so weit gefangen hatte, dass ich wieder sprechen konnte. Dann erzählte ich ihm, was die Nachbarn gehört hatten und dass sie ihm dringend raten würden, nicht mehr ohne Waffe auf das Feld zu gehen.

„Aber stell dir vor, du bist auf dem Feld und von hinten wird auf dich geschossen, was nutzt dir da deine Waffe?", fragte ich ihn, „und was wird dann aus uns, wenn du nicht mehr bist? Werden uns die Muslime entführen, vergewaltigen und töten? Und was nutzen uns dann unsere Ländereien, die Tiere, der Weinberg, unsere Häuser? Was nutzt uns unsere Habe, wenn sie dich töten und uns entführen? Ist unser Leben nicht wichtiger?"

„Bitte, bitte, Papa!", schluchzten die anderen Kinder im Hintergrund.

Noch am selben Tag begann mein Vater damit, unsere Lämmchen zu verkaufen. Innerhalb einer Woche hatte er das gesamte Vieh zu Bargeld gemacht. Ich erinnere mich noch, wie wir jeden Abend Hunderte von Hühnern einfingen. Das ging nur am Abend, wenn sich die Tiere schon auf die Nachtruhe einstellten und nicht mehr wie am Tage aufgeregt durch die Häuser und über den Hof rannten. Wir verkauften ausschließlich an unsere Nachbarn im Dorf, schließlich musste unsere Flucht geheim bleiben, wir durften kein Aufsehen erregen. Ein Geschäft machten wir nicht mit diesen Notverkäufen, wir bekamen gerade mal ein Viertel des Marktwertes für all unser Vieh. Am Ende blieben nur noch ein Hund, drei Katzen und zwei Esel auf unserem Hof.

Dann packten wir unter Tränen und in Eile unsere Sachen. Wir nahmen nur das Notwendigste mit und ein paar Lebensmittel. Um den Rest würde sich meine Schwester kümmern, die an der Grenze zum Irak lebte und wenige Wochen später unseren Haushalt endgültig auflösen sollte.

Für unsere Flucht mieteten wir einen kleinen Omnibus. Schließlich waren wir zu neunt. Es kam noch der Schwiegervater meiner Schwester mit. Der kannte sich in Istanbul gut aus und wollte uns helfen, dort die Pässe, Papiere und Tickets zu besorgen.

Dann ein letzter Blick auf unser Haus, das gerade erst fertig geworden war. Ein letzter Blick auf die Mor-Dimet-Kirche. Und Zaz, unser Dorf, meine Heimat, wurde immer kleiner, bis es hinter dem Berg nicht mehr zu sehen war. Es war alles so schnell gegangen, dass wir es gar nicht verstanden, nicht denken konnten, keine Tränen hatten.

Als wir nach drei langen Tagen endlich in Istanbul angekommen waren und ich nach der quälenden Fahrt schon lange beschlossen hatte, nie wieder in einen Bus zu steigen, erfuhren wir von Nachbarn in Zaz, dass uns die Plünderer bis in die Stadt Mardin gefolgt waren. Sie hatten irgendwie Wind davon bekommen, dass wir vor ihnen flüchten wollten. Doch sie waren auf der falschen Fährte. Sie hatten geglaubt, wir wollten mit dem Linienbus nach Istanbul und hatten nicht damit gerechnet, dass wir uns einen eigenen Bus mieteten. Während sie also mit ihren Waffen an der Bushaltestelle auf uns lauerten, waren wir schon auf dem besten Weg in eine neue Heimat – in ein Land, in der man kein Gewehr mehr braucht, um sich und sein Eigentum zu schützen. An das Gewehr hatten wir in der Eile ohnehin wieder nicht gedacht.

Anfänge

Gronau

Unsere Leben in Freiheit begann in einem Gefängnis. Und dort gelandet waren wir nur, weil mein Cousin keinen Fehler machen wollte.

Nach unserer Zwischenstation in Istanbul, wo wir drei Monate brauchten, bis wir alle Papiere, Pässe und die Tickets für die Ausreise beisammen hatten, flogen wir zunächst nach Brüssel. Meine zweitälteste Schwester lebte dort, ihr Mann wollte uns vom Flughafen abholen. Nie werde ich den Moment vergessen, als wir am Gepäckband auf unsere Koffer warteten und hinter der Glasscheibe plötzlich den Schwager erkannten. Wir schrien vor Glück und riefen seinen Namen. Wir waren derart außer uns, dass wir zunächst gar nicht merkten, dass der Schwager uns überhaupt nicht verstehen konnte. Die Glasscheibe trennte uns, und wir, die wir aus einem Dorf kamen, in dem die Häuser keine Glasfenster hatten, waren mit der schalldichten Wirkung dieses Materials noch kaum vertraut. Wir hatten noch so viel zu lernen. Doch in diesem Fall begriffen wir schnell – und sprachen mit Händen und Füßen, bis wir den Schwager endlich in unsere Arme schließen konnten.

Bei meiner Schwester und meinem Schwager blieben wir nur zum Mittagessen. Dann holte uns meine Cousine ab, die in Holland lebte und bei der wir uns zwei Nächte aufhielten. Hier erholten wir uns von all den Strapazen der letzten Wochen, badeten, schliefen, aßen – bis wir wieder zu Kräften kamen und die letzte Etappe unserer

Reise antreten konnten. Paderborn war das Ziel unserer Odyssee, genauer: Fürstenberg, das seit 1975 zu Bad Wünnenberg gehört, einer Kleinstadt im Kreis Paderborn. Die Schwester meines Vaters wohnte dort und hatte für uns bereits eine Wohnung besorgt. Drei Autos sollten uns über die Grenze bringen. Sait, der Schwager aus Belgien, fuhr das eine, das zweite Sleman, der Ehemann meiner Cousine aus Holland, und am Steuer des dritten saß Aziz, mein Cousin aus Fürstenberg, der nach Holland gekommen war, um uns abzuholen. Sein Auto führte die kleine Kolonne an, schließlich kannte er den Weg. Ich saß im Auto von Sleman.

Es ging so schnell, dass wir es zunächst gar nicht begriffen: Plötzlich hatten wir die Grenze passiert und waren in Deutschland. Kein Grenzposten hielt uns an, niemand wollte mit vorgehaltenen Pistolen unsere Pässe sehen. Die Grenze zwischen Holland und Deutschland gab es Mitte der 1980er-Jahre zwar noch, aber es war einer dieser innereuropäischen Übergänge, an denen Autos zum Teil auch so durchgewunken wurden. Es war kaum zu fassen, dass wir unser Ziel derart mühelos erreicht haben sollten. Doch bevor sich die Freude so richtig Bahn brechen konnte, sah ich plötzlich die roten Bremslichter von Aziz' Auto und kurz darauf die Rückfahrtsstrahler: Mein Cousin hatte den Rückwärtsgang eingelegt und zielte mit dem Kofferraum vorweg auf die Grenze zu. Sleman und Sait taten es ihm nach, und auf einmal standen wir alle vor der Grenzpolizei.

Mir stockte der Atem, mein Puls schlug schneller. Mit der Poliei hatte meine Familie nur schlechte Erfahrungen gemacht. Ich fürchtete Schlimmstes. In dem Wagen herrschte plötzlich unheimliche Stille, Sleman rutschte nervös auf seinem Sitz umher. Keiner verstand, was da vor sich ging. Wir sahen, wie mein Cousin dem Uniformierten etwas erklärte und wir konnten erkennen, wie der Polizist seine Stirn in tiefe Falten legte, um dann auf einmal um alle drei Wagen zu laufen. Er warf lange Blicke auf unsere verschreckten Gesichter, schüttelte ständig den Kopf – und verschwand schließlich mit unseren Papieren, die ihm Aziz gegeben hatte, in seinem Kabuff. War alles vergebens gewesen, mussten wir zurück in die Türkei? Zurück in den Tur Abdin, wo man uns nach dem Leben trachtete? Oder zurück in einen anderen Teil der Türkei, wo man unsere Sprache nicht verstand und wir als Christen erneut Repressalien ausgesetzt sein würden?

Während unsere Herzen immer schneller schlugen, sahen wir den Polizisten mit einem Kollegen reden, die Pässe durchblättern, den Telefonhörer abnehmen. Uns wurde angst und bange.

Schließlich ging es weiter. Doch die Fahrt dauerte nicht lange. Schon nach wenigen Minuten hielten wir vor einem flachen, tristen Gebäude und mussten unser Gepäck ausladen. Das konnte unmöglich Fürstenberg sein. Irritiert schaute ich meinen Vater an. Da erzählte er mir, was sich in dem Auto vor mir zugetragen hatte. Dass mein Cousin, kurz nachdem er die Grenze passiert hatte, auf einmal rief: „Nein, mein Onkel soll nicht illegal einreisen. Wir melden ihn und seine Familie an!" Und dass er meine Eltern beruhigt hatte: „Reine Formsache! Euch kann nichts passieren. Wir haben doch alles vorbereitet. Die können euch gar nicht zurückschicken!" Und dass mein Cousin dann doch etwas angespannt war, als der Polizist uns so lange festgehalten und ständig „So einfach geht das doch nicht!" gesagt hatte. Schließlich hatte er meinem Cousin erklärt, dass wir nicht sofort Richtung Paderborn weiterreisen dürften, sondern zunächst in einem Asylantenheim in Gronau medizinisch untersucht werden müssten. Wären wir gesund, dürften wir nach wenigen Tagen weiter nach Paderborn.

Das Asylantenheim lag nicht weit vom Grenzübergang in dem kleinen Städtchen Gronau. Das vorwiegend protestantische Gronau bildet eine kleine Enklave im katholischen Münsterland und ist zudem ein Grenzstädtchen par excellence. Allein vier Grenzübergänge in die Niederlande gibt es, außerdem eine reine Stadtgrenze (nach Ahaus und Heek), eine Kreisgrenze (zum Kreis Steinfurt) sowie eine Landesgrenze (zu Niedersachsen). Das alles passte zu uns: Die Enklaven-Existenz kannten wir nur zu gut. Und die vielen Grenzen entsprachen unserem damaligen Empfinden, noch nicht wirklich da, aber dem Ziel schon ein ganzes Stück näher zu sein.

Gronau hat einen schönen Stadtpark mit Tiergehegen, einen weiteren Park mit einem Rosengarten und einen künstlich angelegten See, den man „Dreiländersee" nennt. Wahrzeichen der Stadt ist ein alter Wasserturm. Doch von all dem haben wir in den langen Tagen, die wir in Gronau verbrachten, nichts gesehen. „Lasst eure Kinder bloß nicht vor die Tür! Die werden geklaut!", hatten die anderen Flüchtlinge in dem Heim meinen Eltern eingeimpft. Fünf Familien lebten mit uns in dem Barackenbau. Die meisten kamen aus der Türkei. Ein Mann ist mir deshalb noch in guter Erinnerung, weil er eine Schussverletzung hatte. Und eine Familie gehörte den Yeziden an, einer Religion, deren Ursprünge, zumindest ihrem Selbstverständnis nach, weit vor dem Judentum und Christentum zu suchen sind und in denen Erzengel Taus-i Melek als Stellvertreter Gottes auf Erden verehrt und als Pfau symbolisiert wird. Für fanatische Muslime gelten Yeziden als Sektierer, die zwangsweise bekehrt oder vernichtet werden müssen – weshalb die wenigen Yeziden der Türkei genau wie wir Christen nach und nach das Land verlassen. Die Warnung der anderen Familien, die schon vor uns in dem Heim angekommen waren und daher, wie wir annahmen, einen Wissensvorsprung hatten, nahmen wir sehr ernst. Wir hatten schon zu viel gesehen und erlebt, als dass wir uns das nicht hätten vorstellen können. Also blieben wir eingeschüchtert und ängstlich die ganze Zeit über im Haus und liefen wie junge Füchse, die man in eine Kiste gesteckt hatte, auf dem Flur hin und her. In einem Gefängnis waren wir gelandet, so kam es uns zumindest vor, wenngleich es in unserem Fall die Angst und nicht die Staatsmacht war, die uns die Freiheit raubte.

Wie eine anständige Gefängnisinsassin, die optimistisch in die Zukunft blickt, nutzte ich die Zeit jedoch zum Lernen und zur Weiterbildung: Ich brachte mir zum Beispiel bei, wie man ohne offenes Feuer unter den Töpfen Mahlzeiten zubereitet. Dabei helfen sollte mir ein merkwürdiger Metallkasten mit verschiedenen Knöpfen und Platten und einer großen Schublade. Ich hatte keine Ahnung, wie das Gerät funktionierte. Doch was blieb mir anderes übrig, als mich mit diesem komischen Kasten anzufreunden? Die Familie hatte Hunger, und ich als Älteste war dafür verantwortlich, dass etwas auf den Tisch kam. Mutig stellte ich einen Topf mit Reis und Wasser auf eine der Platten, drehte an verschiedenen Knöpfen und – wenige Minuten später rümpften wir alle die Nase: Der Reis war verbrannt, ich hatte den Herd zu hoch gestellt. Doch viel grauenhafter als der Anblick des verkohlten Reises war der einer Schlachtplatte, die uns die Heimleiter eines Tages auf den Tisch stellten. Wir kannten keine Wurst, wir hatten immer nur frisches Fleisch gegessen und konnten es gar nicht fassen, dass man sich im zivilisierten Westeuropa so etwas Ekelerregendes wie Leberwurst auf das Brot schmierte. Auch dies war wieder eine Lektion für uns.

Wenn wir von unserer ersten Station in Deutschland aufgrund des selbst auferlegten Stubenarrestes auch nicht viel sahen, so haben wir doch umso intensiver gehört: nämlich – die Kirchenglocken! Zum ersten Mal in unserem Leben konnten wir ungestört dem Läuten von Kirchenglocken lauschen. In unserem Dorf im Tur Abdin hatten die Kirchen schon lange keine Glocken mehr. Die waren alle mitsamt den Türmen verschwunden. Schon die Kalifen hatten im 11. Jahrhundert dafür gesorgt, wie später Atatürk. Ich kann mich noch gut daran erinnern, wie glücklich verklärt wir uns in Gronau jedes Mal anschauten, wenn die Glocken erklangen. Und während das Geläut in den Straßen des Städtchens widerhallte, geriet auch in unseren Herzen etwas in Schwingung: die Hoffnung, dass wir es gut haben würden in diesem Land.

Nach acht Tagen standen die Ergebnisse unserer medizinischen Untersuchung endlich fest. Wir waren alle kerngesund und durften das Lager verlassen. Und so machten wir uns endlich auf den Weg nach Paderborn. Mein Cousin war wieder gekommen, und so packten wir erneut unsere ganzen Sachen in sein Auto. Uns war etwas feierlich zumute. Am Ende dieser Fahrt, so war uns allen bewusst, würde unser neues Leben beginnen. Nach den ersten Tagen im Heim hatten wir eine leise Ahnung davon, welche Herausforderungen in der neuen Heimat auf uns warteten, doch das ganze Ausmaß der Veränderungen erfassten wir natürlich noch lange nicht.

Indien

Fast ein Vierteljahrhundert nach dieser Fahrt vom Heim in die neue Heimat sollte ich im März 2007 dieselbe Strecke noch einmal in entgegengesetzter Richtung zurücklegen: Für eine Veranstaltung fuhr ich von Paderborn, wo meine Eltern und die meisten meiner Geschwister immer noch lebten und auch ich 2007 wieder wohnte, nach Gronau. Auch diese Reise sollte mein Leben verändern.

Eine Freundin hatte mich gebeten nach Gronau zu kommen, um einer Stiftungsgründung beizuwohnen. Ich hätte doch so viel Erfahrung mit meiner eigenen Stiftung, meinte sie, vielleicht könnte ich mit meinem Wissen die Diskussionsrunde bereichern. Ich war erst drei Tage zuvor aus Indien zurückgekehrt.

Seit 1999 verbringe ich immer die Hälfte des Jahres in Indien: seit jenem Tag, an dem sich mir ein Bild bot, das mich zutiefst in meinem Herzen bewegt und nicht mehr losgelassen hat ...

Ich war zu einer Konferenz nach Kottayam in Indien geladen. Kottayam liegt im Bundesstaat Kerala im Südwesten Indiens und ist das Zentrum der syrisch-orthodoxen Christen Keralas. Bereits im 4. Jahrhundert waren die ersten Christen in die Region gelangt. Thomaschristen nennt man die Angehörigen der indischen christlichen Kirchen, die ihre Geschichte auf eine Erstmission durch den Apostel Thomas zurückführen. Dieser Apostel hatte im Jahr 53 Nordindien erreicht und war – einer späteren Legende zufolge – entlang der südwestlichen Küste Indiens, dem heutigen Kerala, bis nach Madras gereist, wo er von einem Speer tödlich getroffen wurde. Bis heute betrachten die alten christlichen Kirchen Indiens den Apostel Thomas als ihren Gründer und spirituellen Vater und bezeichnen sich als „Töchter des heiligen Thomas". Im Laufe der Jahrhunderte kam es – nach der gewaltsamen Katholisierung der indischen Christen durch die Portugiesen – zu verschiedenen Kirchenspaltungen, in deren Folge sich der nichtkatholische Teil der Thomaschristen der Syrisch-Orthodoxen Kirche von Antiochien annäherte. Die Christen haben Kottayam sehr geprägt, vor allem das Bildungswesen betreffend. So war das Priesterseminar der Malankara Orthodox-Syrischen Kirche das erste mit einer englischen Ausbildung in ganz Südindien. 1817 entstand hier die erste Highschool Keralas, vielleicht gar Indiens, drei Jahre später mit der Baker Memorial Girls Highschool eine der ersten Mädchenschulen in Indien. Heute gilt Kottayam aufgrund der großen Zahl an überdurchschnittlichen Bildungsinstitutionen als das akademische Zentrum Südindiens. Eine der zahlreichen Institution ist das St. Ephrem Ecumenical Research Institute (SEERI), ein wissenschaftliches Zentrum für syrische Sprache und Kultur. Hier sollte ich mein Referat über die pädagogisch-psychologische Sicht auf die sieben Sakramente halten.

Das SEERI befindet sich auf dem Baker Hill, einem Hügel im Stadtzentrum. Es ist ein moderner, lichtdurchfluteter Backsteinbau mit drei Stockwerken und großzügigen Fenstern und Räumen. Doch hinter dem Institut sah die Welt ganz anders aus: Vierzehn Familien hausten hier, insgesamt 82 Personen – darunter viele Kleinkinder, Ältere, Kranke – allesamt unter den ärmlichsten Bedingungen. Sie hatten kein Dach über dem Kopf, keine Kleider, nichts zu essen. Es regnete, und der Monsun goss Wassermassen über ihre notdürftig aus Planen zusammengebastelten Behausungen. Verzweifelt versuchten die

Menschen, die Planen so zu halten, dass das Wasser die Zelte nicht völlig überschwemmte. Ein sinnloses Unterfangen. Überall Pfützen, so groß wie Badewannen. In einer dieser Kuhlen lag ein kleines Kind, vielleicht eineinhalb Jahre alt, und schlief. Ich beobachtete, wie die Eltern einen flachen Stein unter den Körper des Kindes schoben, damit es nicht mehr im Wasser liegen musste. Ganz vorsichtig und liebevoll gingen sie dabei vor, damit das Baby nicht aufwachte. Es war das einzige, was sie für ihr Kind tun konnten.

Ich schaute dieses Kind und die hilflosen Eltern an und fragte Gott, was er mir mit diesem Bild wohl sagen wollte. Verschiedene Verse aus der Bibel schossen mir durch den Kopf. Jesus sagt, in meinem Garten gibt es viel Arbeit, aber nur wenig Arbeiter. Jesus sagt, wenn du den Niedrigsten siehst, dann siehst du mich. Und Jesus sagt: „Was ihr getan habt einem unter diesen meinen geringsten Brüdern, das habt ihr mir getan."

Plötzlich fiel es mir wie Schuppen von den Augen. Was hatte ich in meinem Leben eigentlich bisher geschafft? Ich hatte mich für ein am Wort Gottes orientiertes Leben entschieden, aber dann doch erst einmal nur meine Ausbildung im Blick gehabt. Ich war in die Lehre gegangen, danach an die Uni, und hatte zuletzt einen Job in einem Hospiz, wo ich mich monatlich über ein fürstliches Gehalt von 8000 DM freute. Doch konnte es das gewesen sein? War es das, was Gott mit mir vorhatte? Hat er mir nicht die Fähigkeit und die Kraft gegeben, mich für die Schwächeren einzusetzen, ihnen zu helfen, ihnen Perspektiven aufzuzeigen? War das nicht wertvoller als Geld?

In dieser Situation entschied ich mich spontan, in Indien zu bleiben. In einem der ärmsten Länder der Erde. Fast 300 Millionen Menschen leben hier in absoluter Armut, das sind 25 Prozent der Gesamtbevölkerung und gut ein Drittel der weltweit Armen insgesamt.

Ich stornierte den Rückflug, kündigte meinen Job und bevollmächtigte meine Schwester, mein ganzes Erspartes nach Indien zu transferieren. Von dem Geld kaufte ich Schuhe für die Familien hinter dem Institut. Für alle 84 Menschen. Nie werde ich vergessen, wie mich die Beschenkten anstarrten, als sie die Schuhe in den Händen hielten. Erst wussten sie gar nicht, was sie damit anfangen sollten. Ich musste ihnen vormachen, wie man sich Schuhe anzieht. Ich musste ihnen zeigen, dass sie an die Füße gehören und nicht etwa unter die Achseln, wo sie sich viele mittels der Schnürsenkel hinplatziert hatten.

Mit dieser Schuh-Aktion begann 1999 meine karitative Arbeit in Indien. In den folgenden Monaten baute ich vor Ort ein Team aus Helfern auf und sammelte Spenden. Von dem Geld ließ ich Häuser, Brunnen, Schulen bauen und versorgte all jene mit Lebensmitteln, denen es aus gesundheitlichen oder altersbedingten Gründen nicht möglich war, sich selber zu versorgen. Was damals klein begann, ist bis heute zur einer internationalen Organisation, die Sektionen in Europa, dem Mittleren Osten, Asien und den USA unterhält, herangewachsen. Seit 2005 ist die Stiftung Schwester Hatune – Helfende Hände für die Armen in Deutschland und Indien registriert und international anerkannt. Die indische Regierung hat sie im selben Jahr ausgezeichnet als diejenige Stiftung, die am nächsten an den Armen dran ist.

Allein im Jahr 2005 wurden tausend Not leidende Familien monatlich mit Nahrungsmittelsäcken versorgt. Inzwischen sind es zweitausend. Pro Jahr bauen wir fünfhundert Häuser, derzeit werden ebenso viele Brunnen gegraben. Der Schlüssel zum Erfolg der Sister Hatune

Foundation, wie die Stiftung auf Englisch heißt: Die Spender wissen, dass ihr Geld garantiert bei den Bedürftigen ankommt und nicht in irgendwelchen dunklen Kanälen versickert. Von Anfang an bemühte ich mich, für größtmögliche Transparenz zu sorgen. Die Spender sollen genau erfahren, was mit ihrem Geld passiert. Sie können es sogar selbst bestimmen, wenn sie wollen. Wer zum Beispiel fünf Euro (250 Rupien) überweist, kann damit eine ganze Familie einen Monat lang ernähren. Sechs Euro kostet die Einkleidung eines Kindes mit einer Schuluniform, für 120 Euro kann es ein Jahr lang zur Schule gehen und an der Schulspeisung teilnehmen. Eine Nähmaschine für eine Familie, die sich damit ihren Lebensunterhalt verdienen kann, gibt es für sechzig Euro. Einen Leprapatienten kann man mit fünfzig Euro monatlich unterstützen. Wer mehr spenden möchte, kann sogar ein ganzes Haus oder einen Brunnen finanzieren: 450 Euro kostet die Stiftung ein Haus (der Restbetrag – ca. 1350 Euro – wird durch den Staat, regionale Institutionen und private Gönner finanziert), fünfhundert Euro ein Brunnen. Und die Transparenz ist auch für die Empfänger gegeben: Jedes Haus, jeder Brunnen wird mit dem Namen des Spenders versehen.

Neben der Versorgung mit dem Nötigsten – einem Dach über dem Kopf, Trinkwasser und Nahrung – liegt mir die Ausbildung der Kinder besonders am Herzen. Hilfe zur Selbsthilfe ist mein Anliegen. Wie ein altes asiatisches Sprichwort schon sagt: Es ist immer besser, den Menschen zu zeigen, wie man den Fisch fängt, als ihnen den Fisch auf den Tisch zu legen. Sieben Schulen habe ich in Kerala bisher eröffnet. 1300 Mädchen lernen dort – alle aus Familien, die sich die Schuluniform ohne Unterstützung nicht leisten und somit ihre Kinder nicht zur Schule schicken könnten. Ich gebe diesen Mädchen eine Chance. 84 Prozent von ihnen finden nach der Schule eine Anstellung. Die Hindus glauben, dass arm bleibt, wer arm geboren wurde. Ich versuche dagegenzusteuern.

Auf dem Weg nach Gronau war ich in Gedanken noch in Indien. Die letzten acht Wochen meines Aufenthalts dort sind erfahrungsgemäß immer die aufregendsten. Zum einen, weil viele Projekte, die man zu Beginn angeregt hat, immer erst auf den letzten Drücker fertig werden und am Ende plötzlich noch ganz viel zu tun ist. Und zum anderen, weil man ständig eingeladen wird. Schließlich bin ich danach wieder ein halbes Jahr lang weg, da muss man gebührend Abschied nehmen.

Bis zu dieser Fahrt nach Gronau hatte ich noch gar keine Zeit gehabt, das Erlebte der letzten Wochen zu verarbeiten. Jetzt drängten all die Bilder auf einmal vor mein geistiges Auge und buhlten um meine Aufmerksamkeit wie eine Gruppe vernachlässigter Kinder um die der Mutter, die sich nach langer Abwesenheit endlich wieder um sie kümmern kann. Und so schenkte ich jedem etwas Zeit. Dem Bild von den Mädchen in der Schule, die ganz vertieft in ihre Schneiderarbeit sind und mich gar nicht bemerken. Dem Bild von der Familie, die stolz ihr neues, kleines Haus bezieht, finanziert von den Spendengeldern eines britischen Ehepaars. Dann dem des leprakranken Mannes, der trotz seiner entstellten Glieder und offensichtlichen Schmerzen noch ein Lächeln auf den Lippen hat.

Bei dem von Bobby musste ich unweigerlich lachen. Mein alter Freund Bobby, der Fabrikbesitzer. Ich war zu ihm gegangen, um ihn um eine Spende zu bitten. Meistens gelingt es mir, in Indien rund 100 000 Euro zu sammeln – etwa die Hälfte dessen, was ich über die Stiftung in der ganzen Welt jährlich für Indien zusammenbekomme. Bobby ist sehr wohlhabend und hat mir bisher immer eine nicht unbeträchtliche Summe für meine Arbeit gegeben. Er schätzt meine Arbeit sehr und sagt mir das auch oft. Dass er mir auch diesmal etwas geben würde, war so sicher wie das Amen in der Kirche. Daher fiel ich ohne Umschweife mit der Tür ins Haus: „Hör zu Bobby, ich brauche wieder deine Hilfe, wie viel Geld kannst du mir geben?"

Unser Verhältnis, so dachte ich, verträgt diesen Ton. Wir kennen uns schließlich schon so lange, dass wir nicht mehr um den heißen Brei herumreden müssen. Bobby fand das offensichtlich auch.

„Schwester, ich gebe dir kein Geld!", antwortete er.

Ich war wie vor den Kopf gestoßen. Dass man mir Hilfe abschlug, erlebte ich selten. Bisher hatte ich doch nahezu jeden davon überzeugen können, meine Arbeit zu unterstützen. Allein die Ärzte, die ich regelmäßig abklappere und stets mit dem gleichen Spruch dazu bewege, in meinen Siedlungen kostenlose Sprechstunden zu halten. „Ich komme aus Europa, ich will deinem Volk helfen", sage ich immer, „doch jetzt brauche ich deine Hilfe." Keiner, der meinen Wunsch abschlägt. Und schneller, als die Ärzte überhaupt einen Kuli zücken können, habe ich sie schon in die Liste der medizinischen Sprechstunden des nächsten Monats eingetragen. Ich zwinge sie nicht, aber ich gebe ihnen keine Chance, Nein zu sagen.

Bobby aber hatte mir tatsächlich eine Abfuhr erteilt. Ausgerechnet Bobby! Wie konnte er mir das antun und nicht wenigstens einen kleinen Betrag spenden? Völlig entgeistert starrte ich ihn an. Bobby hielt meinem prüfenden Blick stand. Allerdings nicht lange. Auf einmal verzog sich sein verkniffener Mund zu einem breiten Grinsen und sagte: „Ich gebe dir wirklich kein Geld! Aber ich gebe 5000 deiner Schüler einen Job in meiner Fabrik!"

Jetzt war ich wieder baff. Bobby erzählte, dass er eine neue Abteilung eröffnet habe und die Arbeiter dafür sollten ausschließlich von meinen Schulen kommen. Sie würden dort schlafen können und neben einem Lohn auch Essen bekommen, sie wären versorgt. Ich hätte Bobby küssen können, so glücklich war ich über sein Angebot.

Momente wie diese sind es, in denen ich auf meinem Weg bestärkt werde. Die mich erneut davon überzeugen, dass meine Entscheidung die einzig wahre war. Und wie hatte ich dafür kämpfen müssen! Was hat es mich an Kraft gekostet, meine Bischöfe zu überzeugen, damit ich das ewige Gelübde noch aufschieben kann. Habe ich es erst einmal abgelegt, ist mein Platz nämlich im Kloster. Dann kann ich mich nicht mehr für die Armen und Kranken dieser Welt einsetzen. Hatte ich meine Bischöfe endlich überzeugt, begann das Gerede in meiner Familie. „Was ist mit Hatune", werden meine Verwandten zuweilen gefragt, „warum ist sie keine normale Nonne hinter Klostermauern, sondern reist in der Welt umher und lebt wild? Will sie nicht, oder was?" Und meine Verwandten geben diese Fragen, wenngleich in leicht gemilderter Form, an mich weiter. „Hast du denn nicht schon genug für die anderen getan, reicht es nicht langsam?", fragte mich eines Tages eine meiner Schwestern.

„Ob es reicht?", fragte ich sie zurück. „Meinst du, es gibt eine Grenze dafür, wie lange man im Namen Jesu den Menschen dienen soll? Für mich gibt es keine Grenze. Solange Gott mir die Kraft gibt und den Weg zeigt, mache ich meine Arbeit wie bisher."

Aber meine arme Familie hat es ohnehin nicht leicht mit mir gehabt. Schon meinen Entschluss, Nonne zu werden, haben viele nicht nachvollziehen können. Als meine Großmutter, die Mutter meiner Mutter, davon erfuhr, zitierte sie mich sofort zu sich:

„Hatune, hast du denn keine Brüder?"

„Doch", sagte ich, „sogar vier."

„Hast du keinen Vater?"

„Doch."

„Hast du keinen Onkel?"

„Sogar viele."

„Hat man dir etwas angetan, bist du geschändet worden?"

„Nein!"

„Bist du behindert?"

„Nein, auch das nicht."

„Dann", so schloss sie das eigenartige Verhör, „kann ich nicht verstehen, warum du diesen Weg gehst. Und ich werde dir das auch nicht verzeihen."

Meine Großmutter hatte die Vorstellung, dass nur Frauen ins Kloster gehen, für die niemand sorgt: weil sie keine Familie mehr haben oder aus irgendwelchen Gründen keinen Mann finden können. Im Kloster ist eine solche bedauernswerte Person abgesichert – und für meine Großmutter ist dies der einzig vollstellbare Grund dafür, Nonne werden zu wollen. „Fromm sein kann man schließlich auch ohne ewiges Gelübde", sagte sie, „dafür muss man sich nicht hinter Klostermauern verschanzen."

Da ihre Mutter gegen meine Pläne war, war es meine Mutter auch. „Ich stimme nicht zu, dass du gehst", hat sie gesagt. Doch eigentlich war mir ihr Standpunkt zu dem Thema ziemlich egal. Mir war nur eine Meinung wichtig: die meines Vaters.

Ich sagte zu ihm: „Papa, du hast zehn Kinder. Davon kannst du doch eins Gott schenken. Gott hat ein Anrecht auf eins deiner zehn Kinder. Gib es ihm!"

Da sagte mein Vater: „Deinen Schwestern habe ich auch nicht in ihre Heiratspläne reingeredet. Das hier ist ähnlich. Du entscheidest selbst über dein Leben. Ich hätte nur gewünscht, dass du bis zum 20. Lebensjahr mit dieser Entscheidung wartest, weil du dann reifer wärst."

„Wenn du mich liebst", sagte ich, „gibst du mir meine Freiheit jetzt. Und ich versuche, dich nicht zu enttäuschen."

„Du wirst mich nicht enttäuschen", sagte mein Vater und küsste mich auf die Stirn. Da wusste ich, dass ich meinen Plan verwirklichen würde.

Meinen Vater hat mein Vorhaben nicht überrascht. Er hat früh gemerkt, dass ich anders bin als seine anderen Kinder, dass meine Frömmigkeit ungewöhnlich war. In meinem Kinderzimmer hatte ich einen kleinen Altar aufgebaut. Sobald ich erfuhr, dass meine Mutter zum Beten oder zur Beichte ging, lief ich ihr nach und wollte mit ihr in die Kirche. Während die Jugendlichen aus dem Dorf Fußball spielten und die anderen Mädchen den Jungs schon erste, verstohlene Blicke zuwarfen, verzog ich mich auf das Mandelbäumchen, um zu meditieren. Ich erinnere mich noch, wie wir eines Tages an einem Kloster vorbeigingen und ich, damals etwa elf Jahre alt, meinen Vater am Ärmel zupfte: „Papa, können wir da mal hingehen?"

Das syrisch-orthodoxe Kloster St. Ephrem, in das ich mit siebzehn Jahren schließlich eintrat, liegt ganz in der Nähe von Gronau, gleich hinter der holländischen Grenze in Glane bei Losser. Hier fing mein Leben als Ordensschwes-

ter an, unweit der Stadt, in der mein Leben als Deutsche
begann – und in der auch jetzt ein neuer wichtiger Le-
bensabschnitt beginnen sollte.

Gronau, zum Zweiten

Rund zweihundert Gäste waren zur Stiftungsgründung
nach Gronau gekommen, die meisten von ihnen Ge-
schäftsmänner in Anzug und Krawatte. Der Stiftungs-
gründer war ein Pathologe, der in Gronau lebte und wie
ich ursprünglich aus dem Tur Abdin stammte. Das Ziel
der Stiftung: Projektförderung im kulturellen, sozialen
und gesellschaftlichen Bereich. In mehreren Vorträgen
wurde erörtert, wie man eine Stiftung am besten organisiert und wofür das zur Verfügung stehende Geld verwen-
det werden sollte. Ich kämpfte gegen die Müdigkeit. Irgendwie hatte ich den Jetlag doch noch nicht so richtig
im Griff.

Als einer der letzten Redner betrat ein Journalist aus
Schweden das Rednerpult und zeigte über Laptop und
Beamer das Foto eines alten gebrochenen Mannes. Seine
Augen schauten resigniert ins Leere, an seiner Nasen-
spitze hing eine Träne. Das Bild berührte mich sofort.
Der Journalist erklärte, dass der alte Mann im Irak lebt
und Farouk heißt.

Farouk ist Ostsyrer, 66 Jahre alt und musste kürzlich
die Leiche seines Sohnes im Hof eines Krankenhauses in
Mosul suchen. Es war ein Berg von Leichen dort – Tote,
die man auf der Straße aufgelesen und bis zur Identifizie-
rung und endgültigen Entsorgung im Hof des Hospitals
zwischengelagert hatte. Unter ihnen suchte Farouk seinen
Sohn, seinen einzigen Sohn. Simon. Und fand ihn: Nur

an der Kleidung konnte er den Körper des Jungen erkennen, denn der Leiche fehlte der Kopf. Der Vater drückte den Leib des geliebten Kindes an sich, schrie und weinte. Dann betete er. Er betete dafür, den Körper seines Kindes nicht ohne den Kopf beerdigen zu müssen. Als er sich erhob, so hatte Farouk es dem Journalisten erzählt, geriet der Berg dadurch ein wenig in Bewegung, und etwas rollte ihm vor die Füße. Es war der Kopf seines Sohnes. Behutsam hob er ihn hoch, küsste die Stirn und die geschlossenen Augenlider. „Gott sei Dank", rief er, mit Tränen in den Augen. „Jetzt kann ich meinen Sohn wenigstens beerdigen." Dann riss er ein Stück von dem Laken ab, in dem der Körper seines Sohnes eingewickelt war, und band damit den Kopf an den Oberkörper der Leiche fest. Schließlich trug er das, was einmal sein Sohn gewesen war, davon. Viele Leute beobachteten ihn, doch keiner wollte ihm helfen.

Farouks Sohn wurde von Islamisten getötet. Er wurde umgebracht, weil man ihn für einen Feind hielt: Er war ein christlicher Ostsyrer und Dolmetscher für die Amerikaner – und damit in den Augen der Islamisten auch deren Verbündeter. Er wurde zusammen mit zwei weiteren Jungen umgebracht. Die drei jungen Männer waren 19, 21 und 25 Jahre jung. Ihre Mörder waren grün vermummt und trugen den Koran in der Hand. Sie hatte die Jungen entführt und ihnen vorgeworfen, mit dem Feind zu kollaborieren. Sie wollten sie zwingen, dem christlichen Glauben zu entsagen. Doch die Jungen waren standhaft geblieben – bis plötzlich die Tür aufging und ein Mann mit einem Schwert eintrat. Simon geriet in Panik. Er schrie, dass er nichts mit den Amerikanern zu tun gehabt habe und bettelte um Gnade. Doch vergebens, er wurde kaltblütig enthauptet.

Der Journalist wusste sehr genau, wie sich der Mord an den Jungen zugetragen hatte – er hatte es selbst gesehen: Die Mörder hatten die Hinrichtung mit einer Digitalkamera gefilmt und im Internet veröffentlicht, auf CDs kopiert und im arabischen Raum verteilt. Es war ein Propagandafilm der Islamisten, der dem Zweck diente, zur Ermordung von Christen aufzurufen und die Christen aus dem Irak zu vertreiben. Es war nicht der einzige Film dieser Art, der im Irak und seinen Nachbarländern kursierte.

Seit dem Sturz Saddam Husseins, so erklärte uns der schwedische Journalist, würden die Christen im Irak systematisch verfolgt, entführt, missbraucht und ermordet. Zuvor, unter dem Regime von Saddams Baath-Partei, genossen sie noch einen gewissen Schutz. Ideologische Vorbehalte gegen Minderheiten wurden seitens der Regierenden nicht gepflegt. Die arabische Nation – nicht die islamische – war Mittelpunkt des Weltbildes dieser strikt säkularen Diktatur. Und darin unterschied sich der Irak lange Zeit von vielen anderen Staaten im Orient. Am Anfang der Baath-Ära blühten die christlichen Gemeinden im Irak teilweise sogar auf, und im Jahre 1983 erkannte die Regierung alle vierzehn christlichen Konfessionen offiziell an. Doch nach dem Ende des zweiten Golfkrieges im Jahr 1991 wendete sich das Blatt. Die Islamisierungswellen im Orient gingen fortan nicht mehr spurlos am international isolierten und innenpolitisch stark unter Druck geratenen Irak vorbei. „Allahu Akbar" – „Gott ist allmächtig" – zierte fortan die Flagge der Iraker. Der Antiamerikanismus wurde zunehmend islamistisch unterfüttert. Und in Bagdad plante Saddam Hussein den Bau der größten Moschee der Welt. Schon in den 1990er-Jahren sollen etwa 100 000 Christen das Land verlassen haben.

Dennoch genossen die Christen im Irak – im Gegensatz zu ihren Brüdern und Schwestern in anderen arabischen Ländern – noch viele Freiheiten und Rechte. Oft besser ausgebildet als die Muslime, da sie christlich geführte Schulen besuchten, die vom Staat sogar subventioniert wurden, oft auch wohlhabender und moderner eingestellt, waren sie überproportional in hohen Positionen vertreten. So war beispielsweise der chaldäische Christ Tariq Aziz lange Jahre Außenminister. Es kam sogar vor, dass Christen in der Leibwache des Diktators eher unterkamen als etwa Schiiten, denen Saddam – selbst der sunnitischen Minderheit entstammend – zutiefst misstraute.

Nach dem Sturz Saddams im Frühjahr 2003 waren die Christen pauschal in den Verdacht geraten, es mit den Amerikanern und Briten zu halten. Weil Christen für Angehörige der US-Armee häufig Übersetzertätigkeiten übernahmen, wurde ihnen oft unterstellt, sie unterstützten die „amerikanischen Invasoren" ideologisch und kollaborierten mit ihnen. Man zweifelte ihre Loyalität als irakische Bürger an, die Zugehörigkeit zur christlichen Religion geriet zu einem Stigma. Kaum ein halbes Jahr nach dem Einmarsch der Amerikaner begann eine systematische Verfolgung der Christen. Kirchen wurden zerbombt, Priester auf bestialische Art und Weise ermordet, Nonnen vergewaltigt, Kinder entführt, misshandelt und ermordet – oder, wie im Fall von Farouks Sohn, quasi öffentlich hingerichtet.

Viele Christen aus dem Irak sind auf der Flucht. Von den einst 650 000 Christen, die zu Beginn des Krieges im Jahr 2003 im Irak lebten, sind einer Schätzung der Gesellschaft für Bedrohte Völker (GfbV) im Jahr 2007 zufolge schon mehr als die Hälfte bis drei Viertel aus ihrer Heimat vertrieben worden. Viele fliehen in die Nachbarländer. Nach Jordanien, Syrien, in den Libanon und in die Türkei. Aber auch innerhalb des Irak gibt es Fluchtbewegungen. Der autonome Bundesstaat Kurdistan im Norden des Landes wird von der kurdischen Regionalregierung verwaltet und gilt als relativ sicher. In einigen Städten hat sich die Zahl der Christen innerhalb der letzten Jahre verdoppelt. Etwa ein Drittel der irakischen Christen – vor allem Chaldäer und Ostsyrer – lebt gegenwärtig in den Provinzen Dohuk, Erbil und Sulaimaniya. Und glaubt man dem Präsidenten Masud Barzani sind sie hier auch willkommen. In einer Rede im Dezember 2005 rief er sogar alle Christen auf, „zu kommen und in Kurdistan zu leben, entweder für immer oder bis die Sicherheitslage im Land sich verbessert". 7000 Wohnungen und Häuser hat die Regierung den Flüchtlingen bereits zur Verfügung gestellt. In den Schulen wurden Klassen eingerichtet, in denen auf Aramäisch unterrichtet wurde. Dennoch, Kurdistan bleibt Teil des Irak und der Terror bedroht auch diese Region. Aufgrund von Anschlägen und Drohungen werden auch hier die Kirchen nicht genutzt und sind von außen als christliche Gotteshäuser nicht erkennbar; die Gottesdienste finden in privaten Räumen statt. Der Nordirak ist vor diesem Hintergrund keine innerstaatliche Fluchtalternative, bietet aber vielen Christen, vor allem den ärmsten unter ihnen, die sich eine Flucht in die Nachbarländer nicht leisten können, ein bisschen mehr Sicherheit als die zur Bedrohung gewordene Heimat.

Nach Dohuk in Kurdistan waren auch die Eltern von Simon nach dem Mord an ihrem Sohn geflohen. Das ging aus dem Material hervor, das dem Journalisten vorlag. Die Mutter war über den Kummer krank geworden, der Vater, zutiefst resigniert:

„Wir haben keine Zukunft im Irak. Unsere Familie ist tot. Ich bin tot. Sie haben uns alle getötet. Sie töten uns Ostsyrer."

Als der Journalist seinen Vortrag beendet hatte, schwirrte mir der Kopf. Ich hatte schon von der Verfolgung der Christen im Irak gehört. Vereinzelt waren zutiefst verstörende Meldungen durch die Presse gegangen. Etwa im August 2004, als bei Anschlägen auf fünf christliche Kirchen in Bagdad und Mosul mindestens fünfzehn Menschen starben. Oder im Januar 2005, als der Führer der Christdemokratischen Partei im Irak, Minas al-Yousifi, sowie der syrisch-katholische Erzbischof von Mosul entführt wurden. Im Jahr darauf, am 29. Januar 2006, wurden nahezu zeitgleich Bombenanschläge auf sieben Kirchen und christliche Einrichtungen in Bagdad, Kirkuk und Mosul verübt, bei denen mindesten sechzehn Personen getötet und weitere 46 verletzt wurden. Einer dieser Anschläge galt der vatikanischen Botschaft. Und im Oktober desselben Jahres schließlich die Ermordung des syrisch-orthodoxen Pfarrers Paulos Iskandar. Zwei Tage zuvor war er entführt worden. Doch obwohl die Angehörigen das geforderte Lösegeld zusammensammeln konnten, wurde der Pfarrer enthauptet, und nicht nur das: Man schnitt ihm auch Arme und Beine ab.

Damals glaubte ich, das wären grausame Einzelfälle, abschreckende Beispiele wie die gelegentlichen Terrorakte der Islamisten, von denen man immer wieder hört. Die Bevölkerung, so dachte ich, wäre in etwa ähnlichen Repressalien ausgesetzt wie wir als Christen im Tur Abdin. In Istanbul hatte ich einen Hilfsverein besucht, der sich um Flüchtlinge aus dem Irak kümmert, und etwas Geld als Spende hinterlegt. Doch durch unglückliche Umstände ergab sich kein Gespräch mit den Verantwortlichen, nur ein kurzer Wortwechsel mit einem Assistenten. Ich hatte ihn gefragt, ob das, was den Christen im Irak passiert, vergleichbar ist mit der Situation der Christen in der Türkei. Der Mann hatte nur resigniert den Kopf geschüttelt und gesagt: „Nein, es ist viel schlimmer."

Ich konnte mir das damals kaum vorstellen, doch nach dem Vortrag des Journalisten hatte ich eine Ahnung vom Ausmaß der Brutalität und Härte. Nein, es war nicht wie in der heutigen Türkei, es war wie in der Türkei von 1915. Was im Irak passierte, erinnerte mich in erschreckender Weise an den Völkermord von 1915, als aufgestachelte Türken erst die Armenier, dann auch die Christen im Tur Abdin gezielt verfolgten und vernichteten. Hier wie dort wurden Menschen abgeschlachtet – nur aufgrund ihrer Religion. Und wie im Tur Abdin sollte hier ein Volk ausgerottet werden, das lange und tiefe Wurzeln in der Region hat, viel längere und tiefere als dessen Verfolger: Die irakischen Christen – Chaldäer, Ostsyrer und Syrisch-Orthodoxe – gehören nämlich zu den ältesten christlichen Gemeinden im Orient überhaupt. Die Chaldäer sehen sich sogar als „Ur-Iraker" an, bezieht sich ihr Name doch auf die Landschaft Chaldäa im Süden des Landes. Von hier aus, so steht es in der Bibel, brach Abraham in Richtung Norden auf. Lange war das Aramäische hier gesprochen worden: als Reichsaramäisch am Hof der persischen Herrscher über Mesopotamien sowie als verbindende überregionale Sprache im alten Orient. Bis heute wird das Aramäische im Irak so gut gepflegt wie in keinem anderen Land, in den christlichen Schulen ist es bis heute Unterrichtssprache.

Als das Land zwischen den beiden Flüssen islamisch und das 762 gegründete Bagdad zur Hauptstadt des neuen Reiches wurde, spielten Christen im intellektuellen Leben eine sehr wichtige Rolle. Sie wurden im Kalifat so-gar bewusst gefördert, damit sie ihre Kenntnisse, etwa in der Medizin, Naturwissenschaft und Philosophie, erwei-tern und den Herrschern zur Verfügung stellen konnten. Unter den türkischen Osmanen, die im Jahr 1638 die per-sischen Safawiden vertrieben hatten und bis zum Ein-marsch der Briten im Jahr 1917 das Land beherrschten, wurde der Status der Christen nach dem klassischen Mil-let-System geregelt: Gegen Zahlung einer Kopfsteuer, der Dschizya, genossen die Christen innere Autonomie. So-gar unter Saddam waren sie, wie der Journalist ausgeführt hatte, noch relativ sicher. Und jetzt steht das Volk, das sich so lange in einem fremdbeherrschten Gebiet behaup-ten konnte, vor dem Exodus.

Mich hielt es nicht länger auf meinem Stuhl. Die Trä-nen rannen mir über das Gesicht. Ich zitterte am ganzen Körper, als ich mich erhob und darauf wartete, dass ich an der Reihe war. Viele der Zuschauer hatten Fragen an den Journalisten, alle schienen von dem Vortrag sehr be-wegt. Ich konnte mich gar nicht auf den Beinen halten und musste mich an einem Tisch festhalten, bis ich end-lich das Wort hatte.

„Was da läuft, ist ein Völkermord an uns Christen!", rief ich in die Runde. „Wir können uns das doch nicht anhören, und dann gehen wir nach Hause, essen Hähn-chenkeulen und sitzen auf der Couch, als wäre nichts geschehen. Ich möchte mir selbst ein Bild von der Sache machen. Doch ich weiß: In arabischen Ländern habe ich als Frau kein Recht, irgendetwas zu tun. Ich brauche ein männliches Wesen an meiner Seite. Daher frage ich euch: Wer kommt mit? Wer ist bereit, mich zu be-gleiten?"

Alle schwiegen, keiner meldete sich, viele schauten betreten zu Boden. Man hätte eine Stecknadel fallen hören, so ruhig war es. Ich wartete eine Weile, schaute auf die gesenkten Köpfe, die akkurat sitzenden Jacketts und sorgfältig gebügelten Hemdkragen. Dann setzte ich mich wieder hin. Fassungslos, hilflos.

Am Abend traf ich mich mit einer Freundin und dem schwedischen Journalisten zum Essen. Es wurde eine lange Nacht, bis zwei Uhr in der Frühe saßen wir zusammen und der Journalist stellte mir viele Fragen zu meiner Person und meinem Werdegang. Ich erzählte schließlich auch von meiner eigenen Flucht und wie sehr mich die Geschehnisse im Irak an den Völkermord in meiner Heimat erinnerten. Ich berichtete, was damals mit meiner Familie geschehen war und wie schmerzhaft die Wunden der Vergangenheit bis heute noch sind. Auf einmal sagte der Journalist: „Schwester, es lohnt sich, ein Buch über dein Leben zu schreiben!"

Er bot sich auch sofort an, sagte, er sei gerade krankgeschrieben und hätte die Zeit dafür. Ich ergriff die Gelegenheit beim Schopf und sagte:

„Gut, dann bist du es, der mich auf meine Reise begleitet. Du kommst mit zu den Flüchtlingen. Vor Ort kannst du dann ein Buch über mich schreiben."

Ich streckte ihm die Hand entgegen. Und der Journalist schlug ein. Er hatte jetzt eine Geschichte – und ich einen männlichen Begleiter an meiner Seite. Bereits am nächsten Tag ging ich in ein Reisebüro und buchte die Flüge. Über Ostern schon sollte ich in Jordanien sein.

Reisen

Zurück in die Zeit

Durch meine karitative Arbeit für Indien hatte ich bereits viel Erfahrung und wusste sofort, was zu tun war. Ich sammelte Geld- und Kleiderspenden, Medikamente und Verbandsmaterial, Spielsachen und Süßigkeiten. Mit vier großen Koffern traf ich auf dem Frankfurter Flughafen den Journalisten aus Schweden. Er hatte nicht so viel Gepäck: Nur zwanzig Kilo durfte er mitnehmen, seine Spendensammlung musste in Stockholm verbleiben. Erstaunt nahm er zur Kenntnis, dass für mich die üblichen Einschränkungen nicht galten, da ich als Leiterin einer Hilfsorganisation so viel mitnehmen darf, wie ich zusammensammeln kann.

Ich warf einen Blick auf mein Ticket. Der Flug von Frankfurt nach Amman dauerte viereinhalb Stunden. Wenn wir dort landeten, so überschlug ich schnell, würden wir die Uhr um zwei Stunden vorstellen müssen. Kein schlimmer Jetlag also im Vergleich zu meinen Reisen nach Indien. Doch während des Fluges hatte ich auf einmal eine sehr viel größere Zeitverschiebung zu bewerkstelligen. Nämlich um 92 Jahre.

Meine Gedanken befanden sich im Jahr 1915 im Tur Abdin. Das Schicksal meiner Großmutter und ihrer Schwester ging mir nicht aus dem Kopf. Meine Oma hatte ich leider nicht mehr kennengelernt, da sie starb, als ich erst ein Jahr alt war. Doch ihre Schwester, Tante Sara, hat mir die Geschichte erzählt, als ich einmal für ein Praktikum in der Jugendarbeit drei Monate lang bei ihr in Gießen wohnte. Mich hatten die Erzählungen meiner Tante, einer unmittelbaren Zeitzeugin des Völkermordes an den Christen im Osmanischen Reich, den die Türkei bis heute konsequent leugnet, sehr aufgewühlt. Ich weiß noch, wie ich mir danach sämtliche Bücher über die Geschehnisse des Jahres 1915 besorgte und sie mit Tränen in den Augen verschlang. Jetzt, im Flugzeug nach Amman, kamen all diese Geschichten, vor allem die meiner eigenen Familie, wieder hoch.

In Europa tobte der Erste Weltkrieg, und die Türkei kämpfte an der Seite der Mittelmächte gegen die Entente, zu der auch Russland gehörte. Damals regierten die Jungtürken, deren Herrschaft wenige Jahre zuvor so hoffnungsvoll begonnen hatte: 1908 hatten sie die von Sultan Abdülhamid II. ausgehebelte Verfassung wieder in Kraft gesetzt und wollten im Osmanischen Reich ein parlamentarisch-konstitutionelles Regierungssystem etablieren, das auch christlichen und nichttürkischen islamischen Minderheiten Mitbestimmungs- oder Autonomierechte gewähren sollte. Doch dazu kam es nicht. Der Nationalismus gewann bald die Oberhand, man träumte von einem „großtürkischen turanischen Reich", das sich weit über das Osmanische Reich auch über die Gebiete Aserbaidschans, Usbekistans, Turkmenistans und halb Chinas erstrecken sollte. Doch als mit den ersten militärischen Niederlagen – im Tripoliskrieg, im ersten Balkankrieg und dann vor allem nach der Schlacht von Sarikamis um die Jahreswende 1914/15 – dieser Traum wie eine Seifenblase zu zerplatzen drohte, kam es zu einer extremen Radikalisierung unter den Jungtürken, vor allem ihrer Führungsspitze. Die Schuld am Verlust der Gebiete wurde den Armeniern in die Schuhe geschoben, sie waren fortan der „innere Feind", den es zu bekämpfen galt.

Die Armenier bildeten nach den Griechen die zweitgrößte christliche Minderheit im Osmanischen Reich. Seit Ende des 19. Jahrhunderts hatten sie verstärkt die Unabhängigkeit gefordert, vor allem aus Enttäuschung über die gescheiterten Bemühungen um eine Reform, nach der die Armenier vor Übergriffen durch die Kurden geschützt werden und sie im Rahmen einer Verwaltungsreform gewisse Autonomierechte genießen sollten. 1890 entstand die Daschnak-Partei, die den Volkskrieg gegen die osmanische Regierung propagierte. Auch die armenische Landbevölkerung bildete Kampfgruppen. Es kam zu ersten Terrorakten, bei denen Armenier osmanische Beamte ermordeten. Auf der anderen Seite bildete der Sultan Kavallerieeinheiten, die als Kampftruppen gegen die Armenier fungieren sollten. Die Soldaten rekrutierte er vorwiegend aus regierungsloyalen kurdischen Stämmen, die dafür mit dem Recht auf Plünderung und Steuerfreiheit belohnt wurden. Folglich kam es schon vor dem Ersten Weltkrieg zu vielen Auseinandersetzungen, zu Attentaten – und auch zu ersten Massakern und Pogromen.

Als dann einige Armenier die russische Armee unterstützten – in der Hoffnung, nach deren Sieg wäre die Unabhängigkeit der Armenier schnell realisierbar –, sah die jungtürkische Führung darin ein eindeutiges Indiz für einen armenischen Sabotageplan. Die Armenier wurden kollektiv für die militärischen Niederlagen der Türken verantwortlich gemacht – und mit den Armeniern schließlich alle Christen auf dem Gebiet des Osmanischen Reiches. Fortan gingen die Jungtürken konzentriert und gezielt gegen sie vor.

Das Kriegsministerium stellte – ähnlich wie der Sultan Ende des 19. Jahrhunderts – paramilitärische Einheiten auf, die sich aus eigens zu diesem Zweck entlassenen

Häftlingen und kurdischen Stämmen zusammensetzten. Am 24. April, heute der nationale Gedenk- und Trauertag des armenischen Volkes, kam es in Konstantinopel zu ersten Razzien gegen die armenische Elite. Am 27. Mai wurde ein Deportationsgesetz erlassen. Armenier sollten einzeln oder insgesamt deportiert werden. Doch ging es hier nicht um eine Umsiedlung, sondern um eine gezielte Vernichtung. Bis in den Juli hinein wurden die meisten Armenier in ihren Heimatorten konzentriert. Dann ließ man sie entweder an Ort und Stelle von türkischen Polizisten und Soldaten beziehungsweise ihren kurdischen Helfern ermorden, oder man schickte sie zu Fuß und unter der strengen Aufsicht bewaffneter Einheiten in Richtung Aleppo. Diese brutale Überlandverschickung der Christen überlebten nur wenige: Tausende verhungerten, erkrankten oder starben auf dem Weg an Erschöpfung. „Todesmärsche" wurden die Menschenzüge bald genannt, als „Wandelnde Konzentrationslager" bezeichnete der deutsche Schriftsteller Franz Werfel diese Menschenzüge in seinem Roman „Die vierzig Tage des Musa Dagh".

Zusehends geriet die Situation außer Kontrolle. Eine Spirale der Gewalt setzte sich in Gang, mit der sogar die Regierenden bald hoffnungslos überfordert waren. Selbst Innenminister Talat Pascha räumte in einem Telegramm an den Gouverneur Diyarbakırs im Juli 1915 ein, dass in Mardin – einer Stadt unweit meines Heimatdorfs – des Nachts siebenhundert Armenier und andere Christen aus der Stadt getrieben und „wie Schafe geschlachtet" worden seien. Es sei strikt verboten, mahnte der Großwesir, andere Christen in die „disziplinarischen und politischen Maßnahmen" gegen die Armenier einzubeziehen. Dies mache einen schlechten Eindruck und sei sogleich zu beenden.

Doch da war es schon zu spät. Schon lange ging es nicht mehr allein um die Autonomiebemühungen der Armenier, sondern darum, das Reich unter diesem politischen Vorwand von den Ungläubigen rein zu waschen. Alle Christen gerieten ins Visier der Verfolger, nicht nur die Armenier. Und so auch die des Tur Abdin.

Zunächst, so berichtete mir meine Tante, wurden alle Männer, die eine Waffe in der Hand halten konnten, eingezogen. Sie sollten gegen die Russen kämpfen, doch kamen sie gar nicht bis zur Front: Vorher wurden sie von den eigenen Landsmännern umgebracht – weil sie Christen waren. Keiner der eingezogenen Männer ist aus diesem Krieg zurückgekehrt. Daher waren nur noch die Frauen, ein paar Jugendliche und die alten Menschen in den Dörfern, als im Sommer 1915 bewaffnete Banden im Tur Abdin wüteten.

Zu dieser Zeit lebten etwa zweihundert syro-aramäische Familien in meinem Heimatdorf Zaz. Als die Nachricht von der Christenverfolgung den Ort erreichte, verschanzten sich der Priester und ein Teil der Dorfbewohner in der Mor-Dimet-Kirche, der alten wehrhaften, mit dicken Türmen ausgestatteten Kirchenanlage oberhalb des Dorfes, die Reisende schon von ferne sehen, wenn sie sich meinem Dorf nähern. Auch meine Großmutter Verde, damals sieben Jahre alt, und ihre Schwester Sara, damals gerade fünf, fanden mit ihrer Mutter, meiner Uroma, dort Zuflucht. Die anderen Dorfbewohner sammelten sich in zwei der größeren Häuser des Dorfes.

Zwanzig Tage lang währte der Angriff der Kurden. Die Menschen in den Häusern – es waren ungefähr vierhundert – litten bald schon an Wassermangel, an Krankheiten und unter der Hitze des Sommers. Sie tranken sogar den eigenen Urin, weil sie sich in der Not nicht anders zu helfen wussten. Als die Kurden von den Qualen der in den Häusern Verschanzten erfuhren, kam ihr Anführer Osman Selle vor das Tor und rief ihnen zu:

„Ergebt euch! Ich schwöre auf mein Gewissen, beim Propheten, auf den Koran und auf dass ich mich von meiner Frau scheiden lasse, dass keine Gefahr für euch besteht und wir euch nicht töten!"

Die von der langen Belagerung geschwächten Dorfbewohner glaubten das. Oder wollten es glauben: Sie hätten in ihren Häusern ohnehin nicht mehr lange überlebt. Also öffneten sie die Tore und traten hinaus. Die Kurden umstellten sie von allen Seiten und begleiteten sie zur Wasserquelle, wo die Dorfbewohner ihren Durst aber nicht stillen durften. Zum ersten Mal begannen sie zu zweifeln. Warum hatten die Feinde sie zum Brunnen gebracht, um ihnen dann das Trinken zu verbieten? Schließlich wurden die Dorfbewohner an einen Ort namens Pergume geführt. In einem Tal sollten sie sich alle aufstellen. Die schönsten Mädchen wurden von den kurdischen Männern ausgesucht und zur Seite genommen. Eine meiner Großtanten, sie hieß auch Sara, befand sich unter ihnen. „Die gehört mir", hatte einer der Männer gerufen und sie aus der Masse herausgezogen, „die werde ich heiraten."

Sie wurde tatsächlich später seine Frau – als Hori, wie er sie dann nannte. So heißen die schönen Frauen, die den Muslim im Paradies erwarten. Doch zuvor musste sie Zeugin eines bestialischen Massakers werden, dessen Bilder sie zeitlebens nicht mehr loslassen sollten. Auf einmal, so erinnerte sie sich später, waren die Hügel voller Soldaten. Richtig schwarz waren die Berge von den bewaffneten Menschen. Es dauerte nicht lange und die Männer begannen, auf die im Tal versammelte Menge zu schießen. Sie schossen, bis alle am Boden lagen und sich keiner mehr bewegte. Meine Großtante musste zusehen, wie ihre ganze Familie starb, wie ihre vier Brüder und ihre drei Schwestern erschossen wurden. Insgesamt kamen 365 Menschen bei diesem Massaker ums Leben. Als die Soldaten ihre Munition verschossen hatten, ritten sie davon – in dem Glauben, dass keines der Opfer die Massenerschießung überlebt haben konnte und sie ganze Arbeit geleistet hatten. Doch sie irrten sich: Zwei Männer hatten den Exodus fast unversehrt überstanden. Sie müssen vor dem Angriff ohnmächtig zusammengesackt sein und konnten so unter den Leichen überleben. Als die Soldaten abgerückt waren, kamen sie langsam zu sich und verließen den Ort des Grauens, sobald es dunkel war und niemand sie sehen konnte. Der eine ging nach Hah, wo er dann gegen die Kurden kämpfen sollte. Der andere floh zurück zur Kirche in Zaz und berichtete den Verschanzten von dem Blutbad von Pergume.

Am nächsten Tag kam meine Großtante Sara alias Hori mit den Soldaten zurück zum Leichenfeld. Sie wusste, dass die Brüder das Gold der Familie bei sich getragen hatten und wollte es holen. Als sie ihre Geschwister suchte, hörte sie ein schreckliches Jammern und Wimmern. Viele der Opfer waren noch nicht tot, aber so stark verletzt, dass sie sich nicht wie die anderen beiden Männer fortbewegen konnten. Sie litten unter furchtbaren Schmerzen. Doch meine Großtante konnte ihnen nicht helfen, die kurdischen Männer beobachteten sie mit vorgehaltener Waffe. Am Tag darauf wurden die Opfer des Blutbades von Pergume alle verbrannt – manche von ihnen bei lebendigem Leib.

Dann ging Osman Selle zur Kirche nach Zaz und wollte auch die dort Verschanzten dazu bewegen, sich zu ergeben. „Ihr müsst keine Angst haben", rief er den Menschen über die Mauer zu, „die anderen haben sich auch ergeben und wurden nicht getötet. Sie sind wohlbehalten im Dorf Eschtrako und werden dort versorgt!"

Natürlich glaubten die Leute in der Kirche dem Mann kein Wort. Schließlich hatten sie von dem Überlebenden gehört, was wirklich geschehen war. Und das war ihr großes Glück. Als sich die Verschanzten nicht ergeben wollten, eröffneten die Soldaten das Feuer auf die Kirche. Mehrere Tage lang waren die Menschen in der Kirche eingeschlossen. Es war heiß in dem Gebäude, Krankheiten breiteten sich aus, alle litten unter Hunger und Durst. Irgendwann ritten ein paar der Kurden nach Midyat und berichteten dem Bürgermeister vom Verlauf der Belagerung. Sie sagten, dass sie die Kirche von Zaz nicht einnehmen könnten, weil die Verschanzten Waffen hätten und wie wild um sich schössen. Das gehe nicht mit rechten Dingen zu, sagten sie, vermutlich habe eine fremde Regierung ihre Hände im Spiel. Daraufhin wurde ein Offizier mit Soldaten, Waffen und Kanonen nach Zaz geschickt, der sich ein Bild von der Lage machen sollte. Sollte das, was die Kurden erzählten, sich als unwahr erweisen, dann sollten die Kurden es sein, die aus dem Dorf vertrieben würden, die Dorfbewohner dagegen sollten in Sicherheit gebracht werden.

Als die Regierungstruppen Zaz erreicht hatten, richteten sie die Kanone auf die Kirche und eröffneten das Feuer. Aus der Kirche kam kein Schuss. Der Offizier trat vor die Kirche und bat um Einlass. Die Dorfbewohner öffneten ihm das Tor. Nachdem sich der Offizier umgesehen und keine nennenswerten Waffendepots entdeckt hatte, sagte er: „Alles, was über euch gesagt wurde, ist Lüge. Ich lasse euch auf meine Verantwortung aus der Kirche."

Danach gab er seinen Soldaten den Befehl, die Kurden aus dem Dorf zu vertreiben, und führte die Dorfbewohner aus der Kirche heraus. Endlich konnten sie am Brunnen ihren Durst stillen. Dann musste alles sehr schnell gehen. Die Dorfbewohner wurden zusammengetrieben und sollten sich auf den Fußmarsch nach Kfarburan machen. Doch in den Wirren des Aufbruchs verloren meine Großmutter und ihre Schwester ihre Mutter. Meine Urgroßmutter musste schon im Trupp unterwegs gewesen sein, als die Kinder, gerade mal fünf und sieben Jahre jung, noch geschwächt von den vergangenen Wochen in der Kirche, unter einem Baum im Hof eingeschlafen waren.

Dort fand sie schließlich eine Frau aus einem Nachbardorf. „Kommt mit", sagte sie. Dass sie Aramäisch sprach, obwohl sie eine Muslima war, ließ die Kinder schnell Vertrauen fassen. Also folgten sie ihr, in der Hoffnung, die Frau würde sie zu ihrer Mutter bringen.

Der Weg war lang und eine Tortur für die kleinen Kinder, die wochenlang in der Kirche eingesperrt gewesen und es gar nicht mehr gewohnt waren, so viel zu laufen. So oft es ging, trug die große Schwester die kleine auf dem Arm. Damit konnte Verde der fünfjährigen Sara zwar die Qualen des langen Weges ersparen. Was sie ihr jedoch nicht ersparen konnte, war der furchtbare Anblick der Toten, die ihren Weg säumten. Sie sahen eine Frau, der man den hochschwangeren Bauch aufgeschlitzt und das Ungeborene herausgezogen hatte. Eine andere hatte noch einen schreienden Säugling an der Brust. „Den hätten sie besser auch umgebracht", meinte die fremde Frau, „er wird ohnehin nicht überleben." Die beiden Schwestern hatten Angst.

Irgendwann hielt die Frau vor einem Haus. Doch die Mutter der beiden war weit und breit nicht zu sehen.

Stattdessen saß da ein Mann im Raum und musterte argwöhnisch die beiden Mädchen. Und nun erkannten sie, dass es gar nicht die Absicht der Fremden gewesen war, sie zu ihrer Mutter zu führen. Sie wollte, so erfuhren sie jetzt, dass die beiden Kinder für den Mann und die Frau arbeiteten, dass sie ihre Diener würden. Meine Tante und meine Großmutter wurden in einer Höhle bei den Ziegen einquartiert und mussten nun täglich alles tun, was der Mann und seine Frau von ihnen verlangten: das Vieh füttern, Wäsche waschen, kochen und putzen. Jahrelang sollten sie bei den Fremden bleiben und für sie arbeiten.

Während die Fremde ihre Kinder entführte, war die Mutter der Mädchen, meine Urgroßmutter, mit den anderen Überlebenden auf dem Weg nach Kfarbun. Dort blieben sie etwa einen Monat. Dann ging es weiter nach Midyat, wo sie in der Mor-Schmuni-Kirche unterkommen konnten, da die Bewohner von Midyat nach den Unruhen noch nicht in ihre Stadt zurückgekehrt waren. In der Kirche erlagen viele noch den Krankheiten, die sie sich unter den Bedingungen der Belagerung zugezogen hatten. Auch der Landrat von Midyat überlebte den Genozid nicht: Wie einige wenige andere Gouverneure und Ortsvorsteher hatte er sich geweigert, die Christen zu töten. Deswegen wurde er hingerichtet.

Am Ende kamen in Zaz gerade einmal hundert Dorfbewohner mit dem Leben davon. Nach dem Ende der Christenverfolgung wurde den Syro-Aramäern im Tur Abdin erlaubt, sich niederzulassen, wo sie wollten. Viele trauten sich jedoch nicht in ihre Dörfer zurück und verdingten sich in den folgenden fünf Jahren bei den Kurden als Arbeiter – gegen Brot, nicht gegen Geld. Dann begann Calabi Aga die verbliebenen und über den Tur Abdin verstreuten Bewohner von Zaz zu ermutigen, in ihr Heimatdorf zurückzukehren. Sie sollten sich nicht vor den Kurden fürchten, sagte er ihnen. Und dass er jeden umbringen wolle, der den Christen Schaden zufüge.

Auch meine Urgroßmutter kehrte auf ihren Hof zurück. Irgendwann kam ihr zu Ohren, dass in einem Nachbardorf zwei christliche Mädchen bei einer islamischen Familie lebten. Sie hatte bis zu diesem Tag die Hoffnung nicht aufgegeben, dass ihre Mädchen den Völkermord überlebt haben könnten, und machte sich sofort auf den Weg zu der Familie. Inzwischen waren einige Jahre ins Land gegangen. Ihre Töchter waren nun vierzehn und sechzehn. Die Freude, als die Mädchen nach so vielen Jahren der Knechtschaft ihre Mutter wiedersahen, war unbeschreiblich. Doch die muslimische Frau wollte nicht auf ihre Dienerinnen verzichten.

„Hau ab", rief sie, „das sind meine Töchter!"

Meine Urgroßmutter war verwirrt. Da sie keine andere Lösung wusste, machte sie ein Angebot: „Du hast meine Kinder versorgt und dich um sie gekümmert, nachdem ich von ihnen getrennt wurde. Ich bin dir zu tiefem Dank verpflichtet. Daher schlage ich vor, dass du eine Tochter behalten kannst. Doch gib mir die andere!"

Man kann sich vorstellen, wie schwer es einer Mutter fallen muss, so etwas zu sagen. Doch die andere Frau ging auf den Vorschlag nicht ein, sondern drängte meine Uroma aus ihrem Haus. Daraufhin schickte diese sich tatsächlich an zu gehen. Im Türrahmen drehte sie sich jedoch noch einmal zu der Frau um und sprach:

„Mein Herr und Gott, ich verfluche diese Familie, die mir mein Herz gebrochen hat. Ich bitte dich von ganzem Herzen: Bestrafe sie dafür! Füge ihrem Herzen ein ebenso großes Leid zu, wie sie meinem zugefügt haben!"

Dann ging meine Urgroßmutter zurück in ihr Dorf.

Eine Woche später bekam die islamische Frau die Nachricht, dass ihr Sohn, ein junger und kräftiger Mann in der Blüte seiner Jahre, plötzlich verstorben war. Die Frau musste an den Fluch denken und bekam es mit der Angst zu tun. Sie ging zu Verde und Sara und schrie: „Geht weg, bevor der Vater nach Hause kommt. Er wird euch beide umbringen! Geht weg, geht weg!"

Es war schon dunkel, als die jungen Mädchen den Weg in das Dorf suchten, das sie als kleine Kinder verlassen hatten. Ziellos irrten sie umher. Bis sie irgendwann in einem anderen Dorf auf ihren Bruder trafen, meinen Großonkel. Er war Hirte bei einer islamischen Familie. Sie fragten ihn, ob sie bei ihm übernachten dürften, am nächsten Tag würden sie weitergehen. „Ich kenne euch nicht", sagte da ihr Bruder. „Ich lasse euch nicht in meinem Zimmer übernachten. Aber ihr könnt bei den Pferden schlafen und euch in den Satteln zur Ruhe betten." Das taten die Mädchen. Am nächsten Tag führte sie der Bruder in ihr Heimatdorf. Das Haus ihrer frühen Kindheit erkannten sie sofort, erleichtert fielen sie ihrer Mutter in die Arme. Da endlich erkannte auch der Bruder seine eigenen Schwestern. Und so nahm die Geschichte nach einer langen Odyssee ihr Ende.

Welche Geschichten mich wohl in Jordanien erwarten würden? Das Flugzeug setzte zum Landen an, und im Fenster erschienen schon die Lichter von Amman. Was mussten die Flüchtlinge für schreckliche Geschichten gesehen und erlebt haben? Noch hatte ich nur eine leise, furchtbare Ahnung.

Jordanien

Wir landeten auf dem Queen Alia International Airport und wurden ohne jegliche Behinderungen ins Land gelassen. Völlig problemlos passierten wir die Grenzposten. Wären wir aus dem Irak gekommen, hätte die Reise hier schon zu Ende sein können: Seit Anfang des Jahres war die Grenze für Flüchtlinge aus dem Irak praktisch geschlossen. Bereits an den Grenzposten müssen Neuankömmlinge nachweisen, dass sie über ausreichende finanzielle Mittel verfügen, um in Jordanien über die Runden zu kommen. Können sie das nicht, müssen sie sogleich kehrtmachen. Selbst Flugreisende werden nach der Landung oft sofort abgewiesen. Doch damit nicht genug: Die Regierung, die bereits Ende 2005 nach den Anschlägen dreier Iraker auf Hotels in Amman ihre zuvor relativ tolerante Einreise- und Aufenthaltspolitik für Iraker revidierte, plant bereits weitere Schikanen. Gerade in dem Monat unserer Ankunft, im März 2007, wurde die Vorschrift eingeführt, dass nur einreisen darf, wer einen neuen Pass – und zwar einen in Deutschland hergestellten der sogenannten G-Serie – vorweisen kann. Diese neuen Pässe sind jedoch nur sehr schwer und oft nur nach Zahlung horrender Geldsummen in Bagdad zu bekommen. Die jordanischen Behörden, so ließen sie selbst verlauten, wollten damit die „Infiltrierung von Terroristen nach Jordanien" unterbinden.

Nach einer halbstündigen Autofahrt gelangten wir endlich nach Amman. Auf den ersten Blick präsentiert sich die jordanische Hauptstadt als eine moderne Metropole, in der eher westliche denn orientalische Einflüsse das Bild prägen. Kaum vorstellbar, dass Amman bis zum Ende des 19. Jahrhunderts noch eine unbedeutende, winzige Stadt mit gerade einmal zweitausend Einwohnern war. Doch mit den Flüchtlingen wuchs Amman. Erst wanderten die von den Russen aus dem Kaukasus vertriebenen Tscherkessen ein. Dann kamen die Syrer in das neu gegründete Transjordanien – auf der Flucht vor den französischen Besatzern. Und als Israel entstand, zogen ganze Flüchtlingsströme von Palästinensern nach Amman, das sich fortan zum wichtigsten Handels- und Finanzzentrum des Orients entwickeln sollte. Diese Stadt ist also nicht nur Flüchtlinge gewohnt, dank ihrer ist sie überhaupt erst zu dem geworden, was sie heute darstellt.

Die ersten Früchte der neuen Einwandererwelle sind schon zu sehen. Überall ragen Kräne in den Himmel. Es wird gebaut, was das Zeug hält. Und möglich gemacht haben den Boom reiche Iraker, Angehörige der irakischen Ober- und Mittelschicht, die schon während des Saddam-Regimes nach Jordanien kamen. „Mercedes refugees" nannte sie der Volksmund, weil sie – im Gegensatz zu dem Großteil der heutigen Flüchtlinge – immer auch viel Geld mit ins Land brachten. Das investierten sie dann gern in ihre neue Heimat – so wie es auch schon die Palästinenser taten, die nach dem Krieg um Kuwait 1991 nach Amman geflohen waren. Nationale und internationale Ökonomen sind sich einig: Diese Entwicklung hat einen nicht unerheblichen Beitrag zu dem robusten Wachstum der jordanischen Wirtschaft in den vergangenen Jahren geleistet.

Doch der Aufschwung hat auch seine Schattenseiten: In der Konjunktur stiegen die Preise um mehr als 500 Prozent. Mieten und Grundstücke sind teuer geworden, das Leben für die Einheimischen auch. Hinzu kommt, dass die Flüchtlinge zunehmend auf den Arbeitsmarkt drängen. Der Unmut in der Bevölkerung wächst. Wie viele weitere Flüchtlinge verträgt das Land, das nur noch zu einem Drittel von den eigentlichen Jordaniern bewohnt wird – den östlich des Jordan lebenden Beduinen, der kleinen städtischen Bevölkerung und einigen Minderheiten? Bereits jetzt sorgen die Flüchtlinge in Jordanien für einen Bevölkerungszuwachs von dreizehn Prozent, was nicht nur einen enormen Druck auf den Wohnungsmarkt, sondern vor allem auf die Infrastruktur, Bildungs- und Gesundheitssysteme ausübt. 2007 warnte die UN-Unterorganisation Economic and Social Commission for Western Asia (ESCWA), dass die Ökonomien von Jordanien und Syrien unter der Last ihrer Unterstützung für die irakischen Flüchtlinge kollabieren könnten. Wie weit geht da die Gastfreundschaft der Jordanier?

Für Rana Sweis, die junge Pressefrau vom Flüchtlingshilfswerk der Vereinten Nationen (UNHCR), die wir am folgenden Tag als eine unserer ersten Gesprächspartnerinnen in Amman in ihrem Büro treffen, ist die Gastfreundschaft der Jordanier nach wie vor bemerkenswert:

„Jordanien ist eines der wasserärmsten Länder der Welt mit überfüllten Klassenzimmern und einer schon immer sehr hohen Arbeitslosenquote", sagt sie, „aber trotzdem hat es die Iraker mit offenen Armen empfangen."

750 000 sollen es bisher schon sein. Etwa tausend kämen offiziell täglich dazu. Und die Dunkelziffer dürfte noch um einiges höher liegen. Viele Iraker haben Angst davor, repatriiert zu werden, weswegen sie illegal im Land leben. Sogar beim UNHCR sind nur drei Prozent der Flüchtlinge registriert, 25 000 hätten sich bisher hier gemeldet. Viele davon sind Christen, sie stellen die größte Gruppe der von UNHCR registrierten irakischen Flüchtlinge dar. Mehr als neunzig Prozent von ihnen gaben als

Hauptmotiv für ihre Flucht direkte Sicherheitszwischenfälle, generelle Unsicherheit und wachsende Diskriminierung an.

Viele Flüchtlinge fürchten, so vermutet Rana Sweis, dass sie von den Behörden entdeckt werden, wenn sie sich beim UNHCR registrieren. Prekär macht die Lage der Flüchtlinge auch der Umstand, dass Jordanien die UN-Flüchtlingskonvention von 1951 nicht unterzeichnet hat. Das heißt, Jordanien ist nicht verpflichtet, die Iraker als Flüchtlinge zu betrachten oder ihnen die Rechte eines Flüchtlings einzuräumen. Die irakischen Flüchtlinge sind Gäste – ähnlich wie die westlichen Touristen, die täglich in Amman landen, um von hier die Felsenstadt Petra zu entdecken und das antike Jerash, die Wüstenlandschaft von Wadi Rum, das Tote Meer am tiefsten Punkt der Erde und das Taucherparadies bei Aqaba am Roten Meer mit den nördlichsten Korallenriffen der Welt.

Und wie die Urlauber gelangen viele der Flüchtlinge mit Touristenvisa ins Land. Einige wenige galten ein Jahr lang, die meisten jedoch nur für maximal drei Monate. Seit Kurzem werden Visa generell nur noch für einen Monat gewährt. Dann müssen die Flüchtlinge zwei Dollar bezahlen, um legal in Jordanien bleiben zu können. Doch viele können sich das nicht leisten. Werden Flüchtlinge ohne Papiere aufgegriffen, kommt es zu Abschiebungen in den Irak.

Die meisten armen irakischen Flüchtlinge, so erzählt uns die junge Frau, wohnen in Ost-Amman und verlassen ihre Häuser nie, weil sie befürchten, wieder in den Irak zurückgeschickt zu werden. Und das, so weiß Rana Sweis, kommt tatsächlich vor.

„Wir haben hier in Jordanien kein typisches Flüchtlingsproblem", erklärt die Pressesekretärin, „es gibt keine

Flüchtlingslager in Amman. Die Flüchtlinge leben in Wohnungen in gemischten Stadtvierteln, so wie die anderen auch. Sie waren auch nicht alle auf einmal da, sondern kamen nach und nach. Daher hat die internationale Gemeinschaft nicht sofort reagiert. Erst als bekannt wurde, dass schon 700 000 Flüchtlinge in Jordanien leben, ist sie aufgewacht und hat die humanitäre Katastrophe, die durch den Irakkrieg auch in Jordanien entstand, erkannt."

Wie man am besten helfen könne, wollen wir wissen, und worin die Strategie des UNHCR bestehe. „Egal, welche Lösung wir uns einfallen lassen: Es wird immer so sein als versuche man, eine tiefe Wunde mit einem Pflaster zu versorgen. Der einzige wirkliche Ausweg besteht darin, den Flüchtlingen die Rückkehr in einen sicheren und ruhigen Irak zu ermöglichen. Um die Wunde politischen Ursprungs zu heilen, muss man eben eine politische Lösung finden. Wir beim UNHCR sind lediglich für das Humanitäre zuständig."

Nur eine Woche später, am 12. April 2007, veranstaltete der UNHCR eine große Konferenz in Genf mit dem Ziel, die internationale Gemeinschaft für die Flüchtlingskrise zu sensibilisieren. 450 Regierungsvertreter aus über sechzig Staaten nahmen daran teil, zudem zahlreiche Organisationen. Der UN-Flüchtlingshochkommissar António Guterres forderte in seiner Rede eine umfassende und koordinierte Kraftanstrengung der internationalen Staatengemeinschaft in Bezug auf „finanzielle, wirtschaftliche und technische Unterstützung, aber auch mehr Neuansiedlungsplätze für besonders betroffene Personengruppen". Er hoffte, die Geberländer dazu bewegen zu können, die finanzielle Hilfe auf bilateraler Ebene für die Hauptaufnahmeländer der irakischen Flüchtlinge – Syrien und Jordanien – auszuweiten. Diese Hoffnung sollte sich nicht erfüllen. Am Ende der zweitägigen Tagung erklärte sich lediglich die irakische Regierung bereit, einen zusätzlichen Betrag von 25 Millionen Dollar zur Verfügung zu stellen – vornehmlich für die Betreuung der Iraker in Syrien und Jordanien. Damit sollen Anlaufbüros finanziert werden. Unterm Strich bleibt es somit für das UNHCR bei einem Budget von sechzig Millionen Dollar. Das sind dreißig Dollar für jeden der rund zwei Millionen irakischen Flüchtlinge in Syrien und Jordanien.

Als wir die Zentrale des UNHCR verlassen, ist es bereits 15 Uhr. Ich frage unseren Begleiter, ob wir noch Zeit haben, etwas Obst zu kaufen. Es ist schon fast zum Ritual geworden: Immer wenn mich meine Reisen in den Orient führen, suche ich – sobald die Zeit dafür da ist – einen Obst- und Gemüsehändler auf und decke mich mit all den lange vermissten Früchten ein, die man in Deutschland nicht kaufen kann, und wenn doch, dann nur mit derart vielen Pestiziden behandelt, dass sie keinen Geschmack mehr haben, wenn sie in die Läden kommen. Tatsächlich, uns bleibt etwas Zeit, also fährt uns unser Begleiter Hanna in das Geschäft eines Freundes. Beim Anblick der Paletten voll herrlich duftender Granatäpfel, Aprikosen, Feigen, Trauben und Honigmelonen leuchten meine Augen. Es sind die Farben und Gerüche meiner Heimat, und ich schwelge in Erinnerungen. Für einen Moment fühle ich mich ganz leicht und unbeschwert wie ein Kind, und all das Leid und Elend, das uns hierher geführt hat, scheint auf einmal in weite Ferne gerückt. Während ich einen Beutel nach dem anderen fülle, fast wie im Rausch, amüsiert sich der Inhaber des Geschäftes, Masoud, über meine kindliche Freude. Als ich meine Tüten vor ihm auf den Tisch ablade, damit er sie wiegen kann, fragen wir, warum er allein in seinem Laden ist, obwohl es so viele billige Arbeitskräfte in Amman gibt. „Ich bin nicht allein", sagt er und lächelt. „Aber der junge Ostsyrer, der für mich arbeitet, isst gerade zu Hause zu Mittag." Wir werden hellhörig. Sollten wir hier durch Zufall den ersten der Flüchtlinge treffen, mit denen wir Kontakt aufnehmen wollen? Vor der Reise hatten wir den Entschluss gefasst, keine Flüchtlingsfamilien im Voraus auszuwählen. Wir wollten den Zufall walten lassen, um ein authentisches Bild von den Schicksalen der Christen im Irak zu bekommen. Wir erfahren, dass Wael neunzehn Jahre alt ist und der alleinige Versorger seiner Familie. Sein Vater wurde im Irak erschossen, weil er für die Amerikaner gearbeitet hat. Uns ist klar: Wir müssen Wael kennenlernen.

Doch unser Fahrer drängt zur Eile. Wir müssen auf die andere Seite der Stadt, wo der Journalist den schwedischen Minister für Asylpolitik treffen möchte. Als erster Minister aus einem EU-Land hatte dieser sich auf einer Stippvisite in den letzten fünf Tagen ein Bild von der Situation der Flüchtlinge in Syrien und Jordanien gemacht – für den Journalisten aus Schweden ein willkommener Anlass für ein Interview.

Es ist schon fast Mitternacht, als man uns fragt, ob wir eine Flüchtlingsfamilie kennenlernen möchten, die zwei Töchter verloren hat. Ob man sie denn um diese Zeit noch besuchen könne, fragen wir. Es ist schon spät, vermutlich schlafen sie bereits.

„Seit Jahren schläft keiner mehr in der Familie", antwortet der Mann, der uns zu den Flüchtlingen bringen möchte und Nisha heißt.

Es ist dunkel, als wir zum Auto gehen. Ich setze mich auf den Rücksitz, und Hanna startet den Wagen. Kurze

Zeit später ist mir speiübel. Amman, so heißt es, ist wie Rom auf sieben Hügeln errichtet worden. Nach dem Wachstum im letzten Jahrhundert hat die Stadt sich über weitere Anhöhen ausgedehnt. Neunzehn sollen es jetzt sein. Und auf der Fahrt, so kommt es mir vor, bleibt uns keine davon erspart. Rauf und runter geht es, ständig wechselt Hanna den Gang, und ich werde immer nervöser. Schließlich steuert er den Wagen durch einige sehr enge Gassen und hält an.

Als erstes fällt der Gestank auf. Ein übler, nahezu unerträglicher Geruch steigt uns in die Nase. Nach Exkrementen riecht es und nach Abfall. Und ein Blick auf das Pflaster macht schnell klar, woher der Gestank kommt. Ich muss unglaublich aufpassen, dass ich auf dem schmierigen Grund aus Müll, Dreck und Kot nicht ausrutsche. Nisha will uns ein wenig auf die Armut vorbereiten, die uns gleich erwartet, und sagt, dass die Familie, die wir besuchen, nicht einmal Stühle hat, auf die wir uns setzen könnten. Ich muss lachen. Ich komme zwar aus Europa, aber im Südosten der Türkei haben wir schließlich auch nur auf Matratzen gesessen.

Die Mutter trägt Schwarz und umarmt uns. Sie heißt Leyla. Dann stellt sie die anderen vor. Es sind ihr Sohn Erkan, Tochter Nora und Ehemann Samir. Ein anderer Sohn, der älteste, sitzt im Nebenraum und sieht fern. Er macht sich nicht die Mühe, uns zu begrüßen, sondern starrt unbeirrt auf den Bildschirm. Betreten schauen wir uns in der Wohnung um. Es sind zwei winzige Zimmer mit niedrigen Decken, die Wände sehen feucht aus. Es gibt ein paar Matratzen, einen Kühlschrank, einen Ofen – sonst nichts. Und in dieser Bruchbude mit dem Unrat vor der Tür müssen die sechs Erwachsenen leben.

Wir sind kaum zur Tür herein, da bricht es auch

schon aus der Mutter heraus: „Sieben Leute saßen im Auto. Meine beiden Augäpfel, ihre vier Freunde und der Fahrer. Alle wurden erschossen."

Sie zeigt uns Fotos von ihren beiden Töchtern und bricht in Tränen aus. Ich halte ihre Hand. Nora, die einzig verbliebene Tochter, bringt uns Kaffee, den wir dankbar annehmen. Seit neunzehn Stunden sind wir auf den Beinen.

Der Vater erzählt, dass die Mädchen für die Amerikaner gearbeitet haben. Zunächst hatten sie für die Armee die Wäsche gemacht, dann wurden sie befördert. „Weil sie Christinnen waren, Englisch sprachen und zuverlässig und fleißig arbeiteten." Einer von ihnen gelang es, im Supermarkt in der Grünen Zone zu arbeiten, dem Areal im Zentrum Bagdads, das die irakische Übergangsregierung beherbergte. Das andere Mädchen nähte Logos auf die Uniformen der amerikanischen Soldaten.

Die Mutter holt noch mehr Fotos von ihren Töchtern hervor. Es zeigt die jungen Mädchen mit amerikanischen Soldaten:

„Es war unmöglich, sie nicht zu mögen. Sie waren so begabt, so liebenswürdig, so intelligent."

Es gibt ein paar Filme auf CDs, die die Mädchen inmitten feiernder amerikanischer Soldaten zeigen, aufgenommen in den ersten Monaten nach der Invasion. Man sieht glückliche Gesichter, Umarmungen und Freudentränen. Man sieht Amerikaner bei dem Versuch, ostsyrische Volkstänze zu tanzen, und Ostsyrer, die sich das erste Mal in ihrem Leben zu Hip-Hop-Musik bewegen. Die Amerikaner sind als Befreier begrüßt worden.

Mein Blick schweift ins Nebenzimmer, wo der ältere Bruder eine Zigarette nach der anderen raucht und nur hin und wieder scheu zu uns herüberschaut.

„In der Woche vor den Morden hatten Terroristen den Bus angehalten, in dem die Mädchen immer zur Arbeit fuhren", erzählt Leyla, die Mutter. „Als sie sahen, dass meine Töchter Kreuze um den Hals trugen, schrien sie sie an: ‚Saddam Hussein ist nicht mehr da, um treulose christliche Hunde wie euch zu beschützen! Ihr müsst Muslime werden, sonst habt ihr keine Chance!'" Die Terroristen waren unbewaffnet, aber allein mit ihren Worten konnten sie den jungen Frauen einen großen Schrecken einjagen.

Es war nicht das erste Mal, so erfahren wir, dass die Familie aufgrund ihrer Religionszugehörigkeit bedroht wurde. Der Besitzer des Hauses, in dem sie damals lebten, hatte zu Zeiten Saddam Husseins schon einmal gewaltsam versucht, sie hinauszuwerfen – weil sie Christen waren. Damals war das illegal. Der Fall landete vor Gericht, zwei Monate, bevor das Saddam-Regime fiel. Die Familie gewann den Prozess, doch damit war die Geschichte noch lange nicht zu Ende. Zwei Monate nach dem Sturz Saddams griffen Assistenten des Hausbesitzers Samir an. Sie sagten ihm, er solle zusammen mit seiner Familie das Haus räumen oder zum Islam übertreten. Sonst müsse er mit schlimmsten Konsequenzen rechnen. Doch Samir weigerte sich, ihren Forderungen Folge zu leisten. Daraufhin verbreitete die Nichte des Hausbesitzers Gerüchte, Samirs Familie arbeite mit den Amerikanern zusammen. Der Sohn des Hausbesitzers prahlte damit, er würde sie alle um die Ecke bringen. Dieser Sohn war es auch, der zweimal beobachtet hatte, wie Amerikaner die Töchter Linda und Rita nach Hause gebracht hatten. Drei Tage, bevor die zwei Schwestern ermordet wurden, drohte er, die gesamte Familie töten zu lassen.

Und dann kam jener Tag, den die Familie niemals mehr vergessen wird. Es war ein Morgen wie jeder andere auch. Rita und Linda wurden um sieben Uhr von einem Fahrer abgeholt. Um 17 Uhr, so wusste die Mutter, würden sie ihre Arbeit beenden. Gegen 19 Uhr wären sie wieder zu Hause. „Als die Uhr abends sieben schlug“, erzählt Leyla, „fing mein Herz an, kräftig zu pochen. Ich ahnte, dass etwas passiert sein musste.“ Sie ging zum Nachbarn, der einen Telefonanschluss hat, und bat ihn, in der Firma anzurufen. Der Nachbar sprach mit dem Firmenchef, der sagte, dass sich die Eltern keine Sorgen machen müssten, die Mädchen würden sicher bald nach Hause kommen.

Während die Mutter erzählt, sehe ich, wie sich der ältere Bruder im Nebenzimmer auf die Lippen beißt. Ihm kommen die Tränen.

Leyla fährt fort: „Als ich den Nachbarn wenig später ein zweites Mal anrufen ließ, wurde sogar der Firmenchef nervös. Er telefonierte mit den Amerikanern. Die sagten ihm, dass sie gesehen hätten, wie meine Töchter die Grüne Zone verließen.“

Da gerieten die Eltern außer sich vor Sorge. Der Vater wollte schon zur Tür hinaus, um nach seinen Töchtern zu suchen. Aber es war bereits zu spät: Sperrstunde. Auf der Straße wäre er selbst in größter Gefahr gewesen. Also blieb ihnen nichts anderes übrig, als den Nachbarn erneut zu bitten, sich in der Firma zu erkundigen, ob man schon etwas vom Verbleib ihrer Töchter erfahren habe. Beim vierten Mal schließlich sagte der Firmeninhaber, es habe einen Unfall gegeben.

„Was für einen Unfall?“, wollte der Nachbar wissen.

Sie seien angeschossen und verwundet worden, erklärte der Firmenchef widerwillig, und lägen jetzt im Krankenhaus. Die Eltern und die Geschwister waren vom Schock wie gelähmt. Sie wollten sofort von einem Krankenhaus zum anderen laufen, um nach ihnen zu suchen. Aber wegen der Sperrstunde mussten sie bis zum nächsten Morgen warten.

Nora schluchzt, als sie uns den Tee serviert. Sie erinnere sich an diese Nacht, als ob es gestern gewesen sei, sagt sie:

„Ich habe keine Sekunde geschlafen, sondern geweint und zu Gott gebetet, dass meine Schwestern noch leben. Ich habe gespürt, dass sie nicht beide tot waren. Ich wollte nicht das einzige Mädchen in der Familie werden. Sie hatten sich immer um mich kümmert. Ich habe sie geliebt, richtig geliebt."

Tatsächlich lag Nora mit ihrer Annahme, dass die Mädchen nicht beide tot sein konnten, richtig: Wie Samir am nächsten Morgen auf der Polizeistation erfuhr, hatte Linda in der Mitte gesessen und wurde daher nicht von so vielen Kugeln getroffen wie Rita, die am Fenster saß. Linda starb später – im Krankenwagen oder im Krankenhaus, genau war das nicht mehr festzustellen.

Die Mutter möchte weitere Fotos von Linda und Rita holen, um sie uns zu zeigen, doch plötzlich bricht sie zusammen und schreit hysterisch. Die zwei jüngeren Geschwister, Nora und Erkan, haben Tränen in den Augen und senken die Blicke. Ich umarme die Mutter, ich versuche zu trösten. Und kann selbst kaum fassen, welch großes Leid auf der Familie liegt.

Der älteste Bruder, Wassim, arbeitete zur Zeit der Morde als Koch am amerikanischen Stützpunkt in Tikrit, dem Geburtsort Saddam Husseins. Als er die Nachricht vom Tod seiner Schwestern erhielt, verfluchte er den Tag, an dem er vom Elternhaus weggegangen war, um für die Amerikaner zu arbeiten.

Jetzt kommt er aus dem Nachbarraum zu uns herüber. Und als ich sein gequältes, trauriges Gesicht sehe, verstehe ich, was mit ihm los ist: Er fühlt sich verantwortlich für das, was vorgefallen ist. Er ist der älteste Sohn, der große Bruder, und er hätte zur Stelle sein sollen, um seine Schwestern zu beschützen.

„Mein einziges Glück", so Leyla, „war, dass mein anderer Sohn, der auch für die Amerikaner gearbeitet hat und oft mit seinen Schwestern im selben Auto unterwegs war, ausgerechnet an diesem Tag krank war und zu Hause geblieben ist." Doch in Sicherheit befand er sich deshalb noch lange nicht. Am Tag nach der Ermordung der beiden jungen Frauen begannen die Islamisten, nach ihm zu suchen. Samir verkaufte alles, was er besaß, um seinen Sohn in Sicherheit zu bringen. Mit dem Geld aus dem Verkauf konnte sich der Sohn nach Griechenland retten.

Nun blieb aber kaum noch etwas für die Familie übrig. An den Kosten für die Beerdigung von Linda und Rita beteiligten sich ihre amerikanischen Arbeitgeber. Als die Leichen der Mädchen zur Beerdigung gebracht wurden, kreischten ein paar schiitische Jungen: „Ihr seid Spione für die Amerikaner, und wir werden euch eine Lektion erteilen!" Inzwischen gehörten drei der Söhne des Hausbesitzers der gefürchteten schiitischen Mehdi-Miliz an. Für die Familie war schnell klar, dass auch sie nun das Land verlassen mussten, wenn nicht noch mehr schreckliche Dinge geschehen sollten. Der chaldäische katholische Patriarch, Emmanuel Dali, gab ihnen schließlich Geld, damit sie aus Bagdad fliehen konnten.

Samir zeigt ein Dokument. „Hiermit bestätigen wir, dass die Familie von Samir D. den Mord an ihren Töchtern, Linda Samir D., Geburtsjahr 1981, und Rita Samir D., Geburtsjahr 1985, hat erleiden müssen. Sie wurden in Abu Ghraib getötet. Der Grund für den Mord war, dass sie in der Khalid-General Construction Company gearbeitet hatten. Dieser Vorfall fand am Mittwoch, dem 19. August 2004 statt. Samirs Familie hat Angst. Alle anderen Familienmitglieder sind ebenfalls in Gefahr. Mit meinem Respekt – Danke. Unterzeichnet von dem Kirchenvater Nwazt Butrsw Hana."

Nach ihrer Flucht nach Jordanien hat Samir mehrmals versucht, den amerikanischen Botschafter zu treffen.

„Doch die Staatsbeamten vor Ort erlaubten uns nicht, die Amerikaner zu treffen", erzählt er. „Wir zeigten ihnen Dokumente auf Englisch, aber sie waren überhaupt nicht daran interessiert, uns zu helfen. Man könnte fast glauben, wir seien Verbrecher. Dabei bestand doch der einzige Fehler meiner Töchter darin, für die Amerikaner gearbeitet zu haben. Und nun möchten die, die Schuld sind am Tod unserer Töchter, nichts mit uns zu tun haben."

Samir und seine Familie fühlen sich zu Recht in Stich gelassen. Zwar hat die Bush-Regierung ein Spezialprogramm für all jene Iraker ins Leben gerufen, die für die US-Regierung oder das Militär arbeiten und daher besonderen Gefahren ausgesetzt sind. Doch durch die Beschränkung – nur fünfhundert Personen sollten 2007 und 2008 eine permanente Aufenthaltsgenehmigung als „special immigrant" erhalten – kommen nur Privilegierte wie Vollzeitbeschäftigte der Botschaft in Bagdad und einige wenige ausgewählte Dolmetscher in den Genuss dieser Sonderbehandlung. Doch es waren 69 000 Iraker, wie die New York Times in diesem Zusammenhang feststellte, die für die Amerikaner gearbeitet haben – vom Fahrer bis zu den Wäschereinigerinnen wie Linda und Rita.

Es ist zwei Uhr morgens, als ein dritter Sohn hereinkommt. Er entschuldigt sich wegen der Verspätung, zieht sich seinen Schlafanzug an und legt sich auf eine der Matratzen. Joni ist neunzehn und hat viele Freunde. Wir fragen ihn, wie er sein Leben gestalten möchte.

„Wir haben kein Leben", sagt er da und zuckt mit den Achseln. „Wir müssen von hier weg, oder wir können genauso gut sterben."

Niemand in der Familie hat Arbeit. Joni ist der einzige, der das Haus verlässt. Die anderen haben Angst, verhaftet und wieder in den Irak zurückgeschickt zu werden. Ob sie denn nicht beim UNHCR registriert seien, wollen wir wissen. Doch, erklären die Eltern. Und Joni lacht bitter: „Ich kenne einige Leute, die repatriiert wurden, obwohl sie Papiere dabei hatten, die klar belegten, dass sie bei der UNO registriert sind."

Die Miete für das Loch, in dem die Familie haust und von einer besseren Zukunft in Amerika oder Australien träumt, kostet hundert Dinar, das sind ungefähr 110 Euro. Geld für die Miete und etwas Nahrung geben ihnen die Kirchen in Amman. Doch das reicht gerade, um den mageren Standard, in dem sie leben, zu halten. Ich beschließe, dafür zur sorgen, dass sie in eine bessere Wohnung umziehen können. Die Miete werde ich von meinen Spendengeldern bezahlen.

Gegen drei Uhr in der Frühe sind wir wieder im Hotel. Als wir uns in der Lobby verabschieden, tief bewegt von der Begegnung mit Leylas Familie, erzählt mir der Journalist, dass er von dem Mord an den beiden Mädchen schon gehört hatte. Wie ihm beim Betrachten der Bilder aufgefallen ist, ging die Geschichte damals durch die Presse. Weil Rita und Linda zu den ersten Christen gehörten, die gezielt ermordet wurden. Nach ihrem Tod hatten zwei unterschiedliche islamische Gruppen öffentlich verkündet, dass dies der Startschuss für den Mord an den Christen sei.

Am Morgen des nächsten Tages, es ist der 5. April, Gründonnerstag, holen wir meine Freundin Febroniya Atto vom Flughafen ab. Jetzt sind wir zu fünft. Wir bringen ihren Koffer ins Hotel und machen uns auf den Weg zu unserem ersten Termin an diesem Tag. Wir besuchen eins der beiden ortsansässigen Büros von Caritas International, dem Hilfswerk der deutschen Caritas. Es liegt in einer kleinen Straße im alten Teil von Amman und direkt über einem Falafel-Laden, in dem es, glaubt man unserem Fahrer, die besten Falafel der Welt gibt.

In dem Caritas-Büro arbeiten elf Personen. Jeden Tag besuchen sie zwischen vier und fünf Flüchtlingsfamilien und beurteilen deren Situation. Neuankömmlinge bekommen einen Kühlschrank voll mit Lebensmitteln, außerdem Matratzen, Decken und das Nötigste, was man in einem Haus sonst noch braucht. Kinder werden in eine der inoffiziellen Schulen vermittelt, die sich in den Kirchen etabliert haben. Die öffentlichen Schulen Jordaniens sind zwar prinzipiell auch für Flüchtlingskinder aus dem Irak zugänglich und kostenfrei, doch es gibt nicht genügend Plätze, und so kommt es, dass die Kinder oft abgewiesen werden. Wenn sie sich denn überhaupt anmelden können. Dafür nämlich braucht man ein gültiges Visum, das viele nicht besitzen. Privatschulen kosten rund tausend Dollar, einen Betrag, den sich kaum jemand leisten kann. Damit die Kinder also wenigstens ein Minimum an Bildung genießen können, wird ihnen in den Kirchen Unterricht erteilt. Das Büro der Caritas steht mit zehn solcher Schulen in Verbindung. Zusätzlich bieten die Mitarbeiter Gesundheitsfürsorge an, sie haben einen Vertrag mit einer Ambulanz und zwei privaten Krankenhäusern.

„Es gibt leider viel zu viele Flüchtlinge, als dass wir allen schnell helfen könnten", erklärt uns Gaby, eine der beiden Büroleiterinnen. „Es gibt eine lange Warteliste. Viele müssen sogar einige Monate auf einen Besuch von uns warten." Zudem reiche das Budget oft nicht aus: „Einige Flüchtlinge haben Krebs oder Herzkrankheiten. Es ist unmöglich, ihnen zu helfen, weil die Kosten zu hoch sind. Jede Woche wird in vier bis fünf Fällen Hilfe versagt."

Febroniya fragt, ob auch psychiatrische Fürsorge angeboten wird. Schließlich stünden viele der Flüchtlinge unter Schock und seien schwer traumatisiert. Uns wird erklärt, dass die Mitarbeiter das gerne in größerem Maße anbieten würden. Bisher müssten sie die Flüchtlinge in ein anderes Büro schicken, das sich auf psychiatrische Fürsorge spezialisiert habe. Aber auch die Kollegen dort seien mehr als ausgelastet.

Ich frage, ob man dem Büro Geld spenden könne. Die Antwort überrascht uns: Die Internationale Katholische Einwanderungskommission (ICMC) ist der einzige Sponsor dieses Büros. Jedes Projekt und Büro hat entweder einen oder mehrere bestimmte Spender – neben ICMC etwa das UNHCR oder das Rote Kreuz. Andere Organisationen, Vereine oder Privatpersonen können kein Geld spenden. Wir haben wieder etwas gelernt.

Nachdem wir in dem kleinen Falafel-Laden im Erdgeschoss des Gebäudes an einem der drei Tische zu Mittag gegessen haben und Febroniya, unsere Falafel-Expertin, zu dem Urteil gekommen ist, dass es tatsächlich die weltbesten Falafel sein könnten – zumindest sind es die besten, die sie selbst je gegessen hat –, machen wir uns auf den Weg zu der Familie des jungen Mannes, der in dem Gemüseladen bei Masoud arbeitet.

Wir klopfen an die Tür und eine Frau öffnet, die sich als Hana vorstellt. Es ist die Mutter des Jungen. Sie bittet uns herein und wir betreten eine hübsche, kleine Souterrain-Wohnung mit zwei Räumen. Obwohl es nur ein kleines Fenster in einer Ecke gibt, ist die Wohnung sehr hell. Uns fällt auf, wie sauber und ordentlich die Zimmer sind. Wir setzen uns, und Hana erzählt ihre Geschichte.

Im Irak führte ihr Ehemann ein eigenes Elektrogeschäft. Eines Tages kam er nicht von der Arbeit zurück. Am späten Abend klingelte das Telefon: „Wir haben deinen Mann und wollen 50 000 Dollar Lösegeld!" Hana zitterte. Dann erklärte sie den Entführern, dass sie unmöglich so viel Geld auftreiben könne. Doch das interessierte die Männer nicht.

Mit Hilfe von Verwandten, Freunden und Nachbarn gelang es ihr immerhin, 6000 Dollar zusammenzubekommen. Die Entführer sagten, sie solle zu einem Friedhof gehen und den Beutel mit dem Geld an einem bestimmten Platz deponieren. Hanas Vetter weigerte sich, sie gehen zu lassen. Würde man sie töten, so erklärte er, würden ihre Kinder verwaisen. Also ging er an ihrer Stelle. Die Entführer nahmen den Beutel. Aber es dauerte einige Tage, bevor sie wieder anriefen. Sie sagten, dass sie noch mehr Geld haben wollten, aber diesmal nicht als Lösegeld für ihren Ehemann. Den „treulosen christlichen Hund" hätten sie bereits erschossen. Sie wollten Geld dafür haben, dass sie Hana und ihre Kinder nicht auch noch erschießen. Hana war wie gelähmt, als sie die Nachricht vom Tod ihres Mannes vernahm. Dennoch gelang es ihr, in Erfahrung zu bringen, wo sie die Leiche finden konnte.

In diesem Moment betritt ihr Sohn Wael, der Junge aus dem Lebensmittelgeschäft, die Wohnung. Er sagt kurz „Hallo" und setzt sich, während die Mutter fortfährt.

„Die Leiche lag in einem Krankenhaus. Mit drei Kugeln im Kopf", sagt Hana. „Wael war damals sechzehn. Er hat zwei Schwestern, dreizehn und vierzehn."

„Mein Vater war 48 Jahre alt", ergänzt Wael, „er wurde 1957 geboren und Mitte Dezember 2005 getötet."

Die Mutter des Vaters, Waels Großmutter, starb ein paar Monate nach dem Mord – vor Kummer: Mit Waels Vater war auch der letzte ihrer drei Söhne von islamischen Fundamentalisten getötet worden.

Hana hatte damals bei der Polizei um Schutz gebeten, aber niemand half der Familie. Also zog sie mit den Kindern zunächst zu ihrer Schwester. Dort blieben sie sieben Monate, so lange, bis alle Pässe ausgestellt waren und sie endlich ausreisen durften. Dann fuhr sie mit den Kindern nach Amman, wohin ihre beiden Brüder schon vor Jahren geflohen waren. Der eine serviert Kaffee und Tee in einem Büro, der andere arbeitet wie Wael in einem Lebensmittelgeschäft. Ein paar Monate lebte die Familie bei einem von Hanas Brüdern, dann bekam sie die kleine Kellerwohnung. Die Miete kostet 85 Dinar. Wael verdient neunzig Dinar. Lebensmittel kauft Hana von den Almosen, die sie ab und an von den Kirchen bekommt. Letztens hat die Caritas Medizin und Brillen für die beiden Mädchen, Ban und Wafa, besorgt.

Wael ist müde. Sein Job ist hart und das Geld reicht hinten und vorne nicht. Auch würde er viel lieber mit Computern arbeiten als im Gemüseladen. Er glaubt, dass er nach dem Tod seines Vaters jetzt die Verantwortung für seine Mutter und Schwestern trägt. Deswegen kommt er immer direkt nach der Arbeit nach Hause. Würde er sich mit Freunden treffen, könnte es passieren, dass er von der Polizei aufgegriffen und zurück in den Irak geschickt wird. Wer soll dann für die Familie sorgen? „Der einzige Ort, an dem wir uns sicher fühlen können", sagt Wael, „ist die Kirche." Dort sind sie häufiger.

„Mein größter Wunsch ist, dass meine Kinder eine erträgliche Zukunft haben", sagt Hana. Ban geht zur Schule, aber niemand weiß, wie lange die Kirche den Unterricht noch durchführen kann. Viele der inoffiziellen Schulen sind von den Behörden schon geschlossen worden. In den Augen der Jordanier erscheinen die kirchlichen Schulen als suspekt. Man vermutet, sie würden versuchen, das Christentum auch unter den muslimischen Kindern zu verbreiten. Wafa, die andere Tochter Hanas, kann das ewige Versteckspielen nicht mehr ertragen – die ständige Angst, entdeckt zu werden, immer leise sein zu müssen. Da bleibt sie lieber gleich zu Hause.

Wir fragen Wael, ob er auch zur Schule gehen möchte. Lächelnd zuckt er die Achseln: „Und wer würde dann die Miete zahlen?"

Es gibt viele Tragödien, über die Hana sprechen will. Etwa die des Bruders, der seinen kleinen Sohn verlor: Seine Frau war mit dem Kind auf dem Arm durch die Straßen gelaufen, als auf sie geschossen wurde. Die Kugel durchschlug ihre Hand und traf das Kind mitten ins Herz.

Unser Fahrer schaut auf die Uhr. Wir haben noch viele Termine vor uns und müssen leider gehen. Ich gebe der Familie 150 Dinar, jedem Kind fünfzig, und nehme mir vor, ein Auge auf die Familie zu haben. Als Hana das Geld in den Händen ihrer Kinder sieht, kommen ihr die Tränen:

„Heute Morgen habe ich Gott um Hilfe gebeten, damit ich zu Ostern neue Hosen für die Mädchen kaufen kann. Die alten sind viel zu klein geworden. Damit können sie nicht in die Kirche. Aber ich kann die Mädchen ja auch nicht im Schlafanzug zur Messe schicken. Jetzt haben wir Geld für neue Kleidung. Gott hat meine Gebete erhört!"

Zum Abschied umarme ich sie, wobei mein Blick auf ein Bild an der Wand fällt. Es zeigt die glückliche, noch vollständige Familie vor einem imposanten Haus in Bagdad. Alle sind sehr schick und modisch gekleidet.

Als wir später im Hotel sind, erfahren wir, was sich gerade in Bagdad ereignet. In dem Stadtteil Dora, einem traditionsgemäß christlichen Gebiet im südwestlichen Teil der irakischen Hauptstadt, hat eine bewaffnete islamische Terrorgruppe den Familien ein Ultimatum gestellt. Wenn sie nicht innerhalb von 24 Stunden zum Islam übertreten oder Dora verlassen, will man sie alle töten. Die islamische Gruppe erließ auch verschiedene „Fatwas", denen zufolge das Eigentum aller Christen konfisziert und die Frauen gezwungen werden sollten, einen Schleier zu tragen. Die Gruppen hatten schon vorher versucht, die Christen durch Drohungen, Flugblätter oder Parolen auf Haus- und Kirchenwänden zum Verlassen ihrer Häuser zu zwingen. Aber es ist das erste Mal, dass sie ihnen eine Frist von nur 24 Stunden setzen. Viele Familien haben ihre Häuser bereits verlassen und sicherere Plätze in Bagdad aufgesucht oder sind in andere Städte im Irak geflohen. Wenige Wochen später, am 17. Mai, sollte sogar ein islamischer Geistlicher, Imam Hatim Al Razaq, die Christen in Dora auffordern, zum Islam überzutreten oder aber 250 000 irakische Dinar – umgerechnet etwa 16 Euro – zu bezahlen. Die andere Alternative: abhauen und Hab und Gut bitteschön zurücklassen. Zu diesem Zeitpunkt waren schon mindestens 150 Familien den Drohungen der Fanatiker gefolgt.

Am Abend gehen wir zur Mor-Aphrem-Kirche, damit wir die Fußwaschung miterleben können. In der Syrisch-Orthodoxen Kirche wird jeden Gründonnerstag Jesu letztes

Abendmahl, bei dem Jesus seinen Aposteln die Füße wäscht, nachgestellt. Dieser Handlung gehen die berühmten Worte voraus, die auch jetzt in der Mor-Aphrem-Kirche rezitiert werden. Es handelt sich um Jesu Antwort auf die Frage der Apostel, wer von ihnen der Größte sei. „Wer bei euch groß sein will, der soll euer Diener sein, und wer bei euch der erste sein will, der soll euer Sklave sein", sagte Jesus. „Denn der Menschensohn ist nicht gekommen, um sich dienen zu lassen, sondern um zu dienen und sein Leben hinzugeben als Lösegeld für viele." Worte, die für mich eine ganz besondere Bedeutung haben.

Die Kirche ist voller Menschen, die Hälfte von ihnen, so schätzen wir, irakische Flüchtlinge. Am Altar sitzen die zwölf Personen, welche die Apostel darstellen sollen, jeder mit einer brennenden Kerze in der Hand. Traditionell sind es vier Priester, vier Diakone und vier Subdiakone – und einer von ihnen darf noch nicht verheiratet sein, um den ledigen und jüngeren Apostel Johannes mimen zu können. Schließlich beginnt der Hauptzelebrant, ihnen die Füße zu waschen – angefangen beim Jüngsten, endend beim Ältesten, begleitet vom feierlichen Gesang des Diakonenchors. Dieses Ritual der Fußwaschung wird in verschiedenen Kirchen des Orients zelebriert.

In meiner Heimat wurde eigens für diesen Tag eine besondere Art von Hostie gebacken, die Buchro-Hostie. Die Diakone verteilten jeweils eine an jede Familien der Pfarrei. Zusätzlich gab es auch ein Stück von dem Teig, aus dem sie gebacken wurde. Nach syrischer Tradition wird der Teig von den Aposteln bis heute weitergegeben. Man mischt immer einen Teil der Masse mit frischem Teig, so dass man das ganze Jahr über von dem gesegneten Teig hat. Die mit den Hostien beschenkten Familien wiederum überreichen dem Pfarrer Eier für die

Osterfeier, die er ihnen dann später als Ostereier zurückgibt. Die Buchro-Hostie wird nicht einfach verzehrt wie die herkömmlichen Hostien, die an diesem Tag auch verteilt werden, sondern als Segensbrot für das Haus aufbewahrt – als Schutz vor dem Bösen.

Das Böse … Wie viele Hostien müsste man wohl backen, um die Christen im Irak vor dem übermächtigen Bösen schützen zu können? Während wir in Amman mit den Flüchtlingen Gründonnerstag feiern, betritt im Irak ein Pfarrer seine Kirche und entdeckt seine beiden Messdiener auf dem Altar, die Körper aufgeschlitzt. Ein Zettel hängt am Zeh des einen: „Ihr wollt Opfer bringen? Das ist euer heutiges Opfer." Am Tag darauf, am Karfreitag, wird in Bagdad mitten auf der Straße ein vierzehnjähriger Christ an ein Kreuz genagelt und dann mit einem Schwert von unten durchbohrt. „Du sagst, du gehörst zu Jesus?", verspotteten ihn seine Mörder. „Dann soll er kommen und dich retten!"

In den folgenden Tagen treffen wir noch viele Familien und hören noch einmal so viele furchtbare Geschichten und Tragödien.

Etwa die von Bashar. Er hatte erst als Dolmetscher für Food for Oil bei der UN-Teilorganisation UNOHCI gearbeitet, dann für die Amerikaner Gebäude rekonstruiert und Hubschrauberlandeplätze gebaut. Eines Tages wurde er vor den Augen seiner Frau von Terroristen aus dem Auto gezerrt. Er bekam eine Haube über den Kopf gezogen und wurde vier Tage lang gefoltert. Die Terroristen urinierten auf seinen nackten Körper, misshandelten ihn, drohten, ihm seine Männlichkeit zu nehmen, „weil drei Kinder mehr als genug für einen christlichen Hund" seien. Sie verlangten 50 000 Dollar, sonst würden sie seine Töchter vergewaltigen und seinen Sohn vor seinen Augen töten. Auf die Frage, warum man ihm das alles antue, antworteten die Terroristen – es waren Mitglieder der islamistischen Gruppe Abu-Kassem, Teil des al-Qaida-Netzwerkes –, dass er ein CIA-Spion sei, da er für die UNO gearbeitet habe. Im Koran gebe es einen Vers, sagt Bashar, der dazu aufrufe, Allahs Feind zu terrorisieren und die ganze Energie, die die Muslime aufbringen können, dazu zu verwenden, den Feind zu vernichten.

Oder die Geschichte von Alice. Sie war Armenierin und arbeitete als Dolmetscherin bei den Amerikanern. Am 1. Juni 2003 kam sie nicht nach Hause. Das Auto, in dem sie mit ihren Kollegen heimfuhr, wurde von einer Gruppe maskierter Männer gestoppt, die Maschinengewehre trugen. Mit Alice starben zehn weitere Christen im Kugelhagel. Alices amerikanische Arbeitgeber zahlten der Familie 3000 Dollar Entschädigung. Und als die Terroristen das hörten, forderten sie von ihrem Mann die ganze Summe. Sonst würden sie auch noch den Sohn töten. Zu den wenigen Dingen, die den Witwer heute an seine ermordete Frau erinnern, gehört eine Medaille, die die Amerikaner ihr einst gaben. Auf der Vorderseite steht: „1. Bataillon, 6. Infanterie, Einigkeit ist Stärke, Regulärer Soldat", und auf der Rückseite: „Operation irakische Freiheit 2003". In die Medaille sind auch zwei Gewehre geprägt, die sich kreuzen, darunter die Worte: „Im Namen Gottes".

Oder die Geschichte von Firas. Er hatte versucht, über die Türkei nach Schweden zu flüchten, seine Familie sollte nachkommen. Obwohl er die Risiken kannte, hatte er sich Schmugglern anvertraut: „Ich wollte, dass meine Kinder zur Schule gehen können." Er war an die falschen Leute geraten und landete schließlich in einem griechischen Gefängnis, wo man ihn des Schmuggelns bezichtigte. Nach einer langen Odyssee traf er seine Frau endlich in Jordanien wieder, mehr als drei Monate waren vergangen, und sie begrüßte ihn mit einem neuen Liebhaber an ihrer Seite. Firas rastete aus, schlug den anderen Mann zusammen – und landete wieder im Gefängnis. Als wir ihn trafen, blieben ihm noch zehn Tage, um das Land zu verlassen.

Oder die Geschichte von Fahmi. Vor acht Monaten war er aus dem christlichen Stadtteil Dora in Bagdad geflohen. Als die erste Kirche am 5. September 2004 zerbombt wurde, brannte auch das Haus ab, in dem er aufgewachsen war. Später steckten Terroristen sein Wohnhaus in Brand. Wenige Tage später ermordeten sie Fahmis Onkel im Haus seiner Eltern. Sie erschossen ihn, schnitten den Kopf von der Leiche und warfen ihn auf die Straße – als Zeichen der Abschreckung für die anderen Christen im Stadtteil. Als uns Fahmi seine Geschichte erzählt, wird im Fernsehen die Karfreitagsmesse übertragen. Er hält inne, schaut auf den Bildschirm und sagt: „Heutzutage werden die Christen in der gleichen Art und Weise gekreuzigt wie zu Jesu Zeiten."

Zwischen all diesen Terminen und Treffen erreichte mich auch noch eine SMS folgenden Inhalts: „Deutsche Medien haben berichtet, dass das zweijährige Kind christlicher Eltern vor dem Haus seiner Familie enthauptet aufgefunden wurde. Sein abgeschnittener Kopf lag auf einer Schicht von gekochtem Reis." Die ganze Welt erschien mir feindlich und grausam.

Wenn wir bei den Opfern zu Besuch waren und ihre Geschichten hörten, versuchte ich, die Starke zu sein. Ich bot ihnen eine Schulter zum Anlehnen. Ich hielt ihre

Hände, ich tröstete. Doch tief in mir drin brodelte es, suchten der Zorn, die Trauer und der Schmerz einen Weg auszubrechen. Es war nur eine Frage der Zeit, bis sie einen Kanal finden würden und meine Fassade in sich zusammenfallen sollte. Zum Glück geschah es im Auto, nicht vor den Augen der Flüchtlinge.

Wir kamen gerade von einer Familie, deren Tochter von Terroristen erschossen worden war. 72 Kugeln steckten in ihrem kleinen Körper. Zurück im Wagen musste ich plötzlich schreien. Ich schrie all die Wut aus mir heraus, wie eine Irre, die sich nicht unter Kontrolle hat. Mir war in dem Moment völlig egal, was die anderen von mir dachten. Es musste einfach sein. Ich bemerkte, wie sich alle bestürzt anblickten und gar nicht damit umgehen konnten, dass ich, ausgerechnet ich, die sonst immer so stark und energisch war, plötzlich ausrastete. Doch auf einmal fing der Journalist an, hysterisch zu lachen. Er lachte immer lauter, er konnte sich nicht mehr halten, lachte, sein Kopf war puterrot, Tränen standen ihm in den Augen. Ich starrte ihn an und hätte ihn am liebsten ins Gesicht geschlagen. Ich dachte, er lacht mich aus. Ich dachte, er macht sich lustig über meine Schwäche.

Erst später verstand ich, dass auch das Lachen eine Form sein kann, mit der Trauer, dem Schrecken, mit all diesen furchtbaren Geschichten umzugehen. Eine Art der Bewältigung wie mein Schreien, nur für die anderen in diesem Moment wohl noch ein wenig verstörender.

Am letzten Tag unserer Reise äußert Febroniya die Bitte, zur Familie von Rita und Linda fahren zu dürfen. Wir hatten ihr von dem tragischen Schicksal der Familie erzählt, und Febroniya wollte sie gern kennenlernen. Mir kam der Vorschlag sehr gelegen. Schließlich hatte ich schon einiges für die Eltern und Geschwister der beiden toten Mädchen in die Wege geleitet und wollte sie davon in Kenntnis setzen.

Als wir kommen, sind die Familienmitglieder gerade erst aufgestanden. Vermutlich ist es wegen der nächtlichen Ostermessen am Vorabend spät geworden. Leyla freut sich sehr, uns zu sehen, ihre Kinder Erkan und Nora ebenfalls. Wassim liegt noch auf einer der Matratzen, steht aber auf, um uns höflich zu begrüßen. Samir ist bereits bei seinem zweiten Kaffee. Der einzige, der fehlt, ist Joni.

„Wir haben noch nichts von ihm gehört", sagt Samir und winkt lächelnd ab. „Wahrscheinlich hat er bei einem seiner Freunde übernachtet."

Fast kehrt mit diesem so beiläufig geäußerten Satz etwas Normalität ein. Der Sohn, der bei Freunden übernachtet – unter anderen, friedlichen Verhältnissen würde man einer solchen Äußerung keine Beachtung beimessen. Doch hier, in Jordanien, wo sich bis auf einige wenige Ausnahmen wie Joni keiner der Flüchtlinge vor die Tür traut, viele sogar ganze Monate und Jahre das Haus nicht verlassen, allein aus Angst, zurück in den Irak geschickt zu werden, hat der Satz etwas unpassendes und sogleich fragiles. Wie eine zerbrechliche Glasvase steht er im Raum, die als einzige das Erdbeben in einem Porzellanladen überstanden hat – niemand weiß, ob sie nicht vielleicht auch einen Sprung hat.

Wir erzählen Leyla und Samir, dass wir schon damit begonnen haben, nach einer neuen Wohnung für sie zu suchen und dass wir Geld für Möbel und Kleidung sammeln sowie für andere Sachen, die sie benötigen. Doch die Reaktion auf unsere Bemühungen ist verhalten. Samir, der in einem streng patriarchalischen System groß geworden ist, in dem ein Mann, der nicht für seine Familie sorgen kann, kein richtiger Mann ist, schaut betreten ins Leere. Fast wirkt er verärgert – weil wir ihm mit unserer Hilfe seine Ehre genommen haben. Leyla wiederum befürchtet, dass ein Wohnungswechsel bei den Amerikanern, bei denen sie sich um eine Ausreise bemühen, den Eindruck erwecken könnte, ihre Lage sei noch zu gut, als dass man den Visumantrag genehmigen müsse. Ein wenig Geschick und Diplomatie sind jetzt notwendig, um die Familie sacht und behutsam zu ihrem Glück zu zwingen. Also erklären wir schnell, dass sie die Wohnung nur für eine bestimmte Zeit benutzen dürfen und wir die Miete auch nur für die ersten sechs Monate bezahlen. Und dass die Möbel und alle anderen Sachen ihnen nicht geschenkt würden und sie diese wieder zurückgeben müssten, wenn sie sie nicht mehr benötigen.

Als wir mit unseren Erklärungen fertig sind, schauen Nora und Erkan erwartungsvoll zu ihrer Mutter. Schließlich lächelt sie und sagt, sie sei für unsere Unterstützung sehr dankbar. Wir haben gewonnen. Dann bittet Leyla die Kinder, die Bonbons zu holen, die zu Ostern üblicherweise angeboten werden. Als die beiden die Schachtel mit den Süßigkeiten vor uns abstellen, haben sie Tränen in den Augen – Freudentränen. Sie sind glücklich, endlich umziehen und dieses Loch, das keine Wohnung ist, verlassen zu können. Nora wird sich dann vielleicht auch wieder vor die Tür trauen. In diesem Stadtviertel hier hat sie Angst, überfallen zu werden.

Und während wir noch auf ihren Matratzen sitzen – Hanna und der Journalist notieren, was die Familie alles benötigt und wie viel es kosten wird, Febroniya, Leyla und ich plaudern –, klingelt das Handy. Leyla entschuldigt sich höflich und geht ans Telefon. Wir hören, wie sie den Anrufer freundlich begrüßt, es ist Joni, und wollen unsere Konversation schon fortsetzen, als Leyla plötzlich aufschreit. Sie lässt das Telefon fallen und sackt weinend in sich zusammen.

„Was ist passiert?", fragen wir.

„Die Polizei hat Joni verhaftet", bringt sie unter Schluchzen hervor, „er soll deportiert werden!"

Wir starren uns an, jedem ist der Schreck ins Gesicht geschrieben. Geistesgegenwärtig greift sich der Journalist das Telefon, das auf den Boden gefallen ist, und ruft: „Joni, sag mir nur, in welchem Gefängnis du bist!"

Inzwischen hat Leyla begonnen, ihren Kopf gegen die Wand zu schlagen, Febroniya und ich versuchen mit aller Kraft, sie davon abzuhalten. Doch Leyla ist wie von Sinnen.

„Was können wir tun?", frage ich den Journalisten. Er muss doch wissen, wie man mit den Behörden hier umgeht, er hat doch viele Kontakte, die uns vielleicht jetzt helfen können.

„Wir fahren zur Polizeistation und verlangen, dass sie Joni freilassen. Er ist beim UNHCR registriert und hat folglich das Recht, in Jordanien zu bleiben. Man kann internationale Richtlinien nicht einfach ignorieren!"

Im Auto telefoniert er mit einem Rechtsanwalt für Flüchtlingsangelegenheiten beim UNHCR. Der verspricht, sofort in der Polizeistation anzurufen und auch ein Fax zu schicken, auf dem er fordert, Joni freizulassen. Wir haben die Polizeistation noch nicht erreicht, da bittet Nisha den Fahrer, anzuhalten. Er hat keine Aufenthaltserlaubnis und sollte es auf keinen Fall mit der Polizei zu tun bekommen. Also halten wir an und lassen ihn auf die Straße.

Wenige Augenblicke später stehen wir schließlich zu fünft vor dem Polizeichef. Wir wollen wissen, was geschehen ist, welche Gesetze und Richtlinien gelten und was sie mit Joni, der offensichtlich in Untersuchungshaft steckt, jetzt machen werden.

Der Polizeichef erläutert uns höflich, was passiert ist, und er schafft es dabei sogar, Leylas hysterische Beschimpfung einfach zu ignorieren. Er erklärt, die Polizei habe in der Nacht zuvor zehn irakische Christen verhaftet. Neun seien freigelassen worden, weil sie gültige Personalausweise gehabt hätten. Und weil Ostern sei und man da etwas mehr Gnade walten lasse.

„Mein Sohn wurde verhaftet, weil er Christ ist!", schreit Leyla dazwischen, „Ihr wollt keine Christen im Land haben und sie alle wieder zurück in den Irak schicken!"

„Das stimmt so nicht", sagt der Polizeichef. „Ich habe nichts gegen Christen. Im Gegenteil. Mein Großvater wurde als Baby von einer christlichen Frau gestillt, und ich selbst wuchs in einer Stadt auf, in der Christen und Muslime ohne Probleme nebeneinander lebten. Warum sollte ich etwas gegen Christen haben? Wir haben Joni nur deswegen nicht freigelassen, weil wir seine UNHCR-Registrierung und seinen gültigen Pass nicht gesehen haben."

Der Journalist glaubt das nicht. „Sie haben doch bestimmt eine Kopie der UNHCR-Registrierung gesehen. Für Identifikationszwecke reicht das völlig aus!"

„Normalerweise schon", antwortet der Polizeichef. „Aber das UNHCR hat die Polizei davon in Kenntnis gesetzt, dass alle im Februar ausgestellten Aufenthaltserlaubnisse für ungültig erklärt wurden. Ich habe keine Ahnung, warum es speziell um diesen Monat ging, aber Jonis Bescheinigung war vom Februar."

Wir können nicht glauben, was der Polizeichef da sagt. Leyla erregt sich immer mehr. Ein anderer Polizist kommt herein und nimmt den Polizeichef zur Seite.

Während die beiden reden, versucht Hanna, alle zu beruhigen. Ich stehe in der Nähe der Polizisten, sie bemerken mich nicht, und so höre ich, was der eine, mit langem Bart, dem anderen sagt: „Sei vorsichtig! Das ist ein ausländischer Journalist. Der will einen Dokumentarfilm über die Verfolgung der Christen drehen. Was hier passiert, entspricht nicht dem Bild, das wir der westlichen Welt gerne zeigen möchten. Wir müssen was mit ihm machen!"

„Moment!", rufe ich da und die Männer schauen mich erstaunt an. Offensichtlich hatten sie nicht damit gerechnet, dass ich ihre Sprache verstehe. „Dieser Journalist ist wegen mir hier. Er schreibt ein Buch über mich. Wenn sie vorhaben, ihm etwas anzutun, dann tun sie es besser mir an!"

Daraufhin wird der Journalist nervös. Er zerrt seinen internationalen Journalistenausweis aus der Tasche und erklärt den Uniformierten den Grund unserer Reise nach Amman. Dann sagt er, dass er mit Mitarbeitern der UNO gesprochen und sie gebeten habe, Beweismaterial zu faxen und dass sie nichts davon gehört hatten, dass irgendwelche Registrierungen für ungültig erklärt worden seien. Und er bemerkt auch, dass diese Mitarbeiter also sehr wohl wüssten, wo wir uns gerade befinden, und sie nach uns forschen würden, sollten wir die Polizeiwache nicht mehr verlassen. Zuletzt sagt er: „Tun Sie, was Sie wollen! Aber wir gehen hier nicht raus ohne Joni!"

In diesem Moment bewundere ich den Journalisten für seinen Mut und seine Entschlossenheit. Ich muss gestehen: Seine Anwesenheit war mir in den letzten Tagen oft ein wenig auf die Nerven gegangen. Zum einen, weil ich merkte, wie einige der Flüchtlinge, die mir besonders am Herzen lagen – nämlich die jungen Frauen und Mädchen, die im Irak Opfer von Entführungen und Vergewaltigungen geworden sind –, sich mir in Gesellschaft des männlichen Journalisten nicht anvertrauen wollten und ich so keinen Zugang zu ihnen bekam und ihnen deshalb nicht oder nur ungenügend helfen konnte. Zum anderen, weil der Journalist ein ganz anderes Interesse verfolgte als ich: Er sah in den Opfern, die wir trafen, immer zuerst die „Story", bewertete die Geschichten nach ihrem Drama-Faktor, während für mich jedes Schicksal einzigartig und bemitleidenswert war. Ich hatte bald beschlossen, die nächsten Reisen allein zu unternehmen und mir vor Ort ein paar Helfer zu suchen.

„Ok", antwortet der Polizeichef, „Joni kommt frei. Vorausgesetzt, du kannst ihn identifizieren."

„Ich erkenne Joni aus einer Reihe von hundert Männern!", erwidert da der Journalist erleichtert. Und auch Leyla beruhigt sich endlich. Mir fällt ein Stein vom Herzen. Doch noch haben wir Joni nicht gesehen.

„Ich mache das nur", erklärt der Polizeichef, „weil Ostern ist und weil ich Christen mag." Dann befiehlt er einem seiner Männer, den Journalisten zu den Gefangenen zu bringen, und nach quälend langen Minuten kommen die beiden mit dem Jungen in ihrer Mitte wieder. Leyla kann sich nicht halten; sie rennt auf ihn zu und fällt ihm um den Hals. Sie weint immer noch oder schon wieder, und für kurze Zeit fürchten wir, dass sie ihn nie wieder loslassen wird.

Später erzählt uns Joni, was passiert ist. Am Vorabend hatte er sich mit ein paar Freunden in einer Billardhalle getroffen, als plötzlich sieben Polizisten hereinkamen und zehn irakische Christen festnahmen.

„Ihr alle werdet Ostern in Bagdad feiern!", brüllten sie, als sie die jungen Männer abführten. Und Joni glaubte in diesem Moment tatsächlich, alles sei für ihn vorbei. Es war, als hätte ihm jemand sein Todesurteil überbracht.

Auf der Polizeiwache schien sich das Blatt zunächst zu wenden: Die anderen wurden nach und nach wieder freigelassen. Aber er nicht! Joni hatte keine Ahnung, warum ausgerechnet er dort bleiben musste – und bekam es mit der Angst zu tun. Jetzt, wieder in unserer Mitte, starrt er uns ungläubig an. Er kann gar nicht fassen, dass er auf dem Weg zu der Flüchtlingswohnung in Amman ist – und nicht auf einem ganz anderen Weg – dem zurück in die Hölle.

Am Abend ruft der Journalist beim UNHCR an. Er erzählt, was er erlebt hat und fragt, ob so etwas häufiger vorkommt. „Ja", sagt der Mitarbeiter, „die jordanische Polizei repatriiert immer häufiger irakische Flüchtlinge, obwohl sie bei der UNO registriert sind."

Und so mischt sich in unsere Freude über die Freilassung von Joni eine große Sorge: Werde ich den Jungen wiedersehen, wenn ich das nächste Mal nach Jordanien komme? Und was wird aus all den anderen Flüchtlingsfamilien? Wie sicher sind sie in Jordanien – und wie sicher in den anderen Nachbarländern, in denen sie eine vorläufige Heimat finden?

Am nächsten Tag holt uns Hanna in aller Frühe ab. Unsere Reise neigt sich ihrem Ende entgegen. Sechs Tage waren wir in Amman, haben über zwanzig Flüchtlingsfamilien besucht und interviewt. Um neun Uhr sitzen wir im Flugzeug zurück nach Europa. Doch für mich ist klar: Lange wird es mich dort nicht halten. Ich muss zurück. Zurück zu den Flüchtlingen, um ihnen zu helfen.

Das nächste Ziel meiner Reise steht auch schon fest. Als ich erfuhr, dass sich auch in der Türkei, vor allem in

Istanbul, viele Flüchtlinge aus dem Irak aufhalten, war mir klar, dass ich dort als nächstes hinfliegen würde. In der Türkei leben zwar nicht so viele Flüchtlinge wie in Syrien oder Jordanien, aber ich konnte mir gut vorstellen, dass sie dort mit noch größeren Schwierigkeiten zu kämpfen haben. Schließlich hatte ich meine eigenen Erfahrungen als Christin in diesem Land gemacht. Ich wusste, wie man dort zuweilen gegen Nichtmuslime vorgeht. Und wie tief das Feindbild verwurzelt ist.

War es nicht gerade erst einige Wochen her, dass im Landkreis Askale in der ostanatolischen Provinz Erzurum den Kindern in einem Straßentheater wieder die Schlechtigkeit der Armenier vorgeführt worden war – so wie jedes Jahr am 3. März, dem Tag, an dem das Dorf die Befreiung von der „armenischen Besatzung" feiert? In dem von dem Straßentheater aufgeführten Schauspiel stecken besoffene Armenier die Moschee in Brand, erhängen den Imam und töten ein Baby – bis endlich die türkischen Milizen auftauchen und die Armenier zur Strecke bringen. Sechshundert Menschen sollen die Armenier damals ermordet haben, glaubt wenigstens der Bürgermeister der Stadt. Ebenso, dass sein Theaterstück pädagogisch wertvoll sei. Und das Straßentheater von Askale ist leider nur ein Beispiel unter vielen, wie in der Türkei der Hass auf Andersgläubige immer weiter geschürt wird. Und was in der Türkei für die Flüchtlinge – anders als in Jordanien, Syrien oder den weiteren Arabisch sprechenden Nachbarländern – erschwerend hinzukommt, ist das Problem mit der Sprache. Sie werden sich in ihrer Muttersprache und selbst mit Englisch nur schwer verständigen können.

Also machte ich mich auf einiges gefasst, als ich nach Istanbul aufbrach. Ich ahnte, dass dort weitere verstörende Erfahrungen und Einsichten auf mich warteten. Und ich

Schwester Hatunes Familie im Jahr 1985, als sie noch in Zaz lebten, in der Bildmitte Hatune.

Zu Besuch in Zaz im Jahr 2001, Blick über die Weinberge

Brunneneröffnung in Indien, 2004

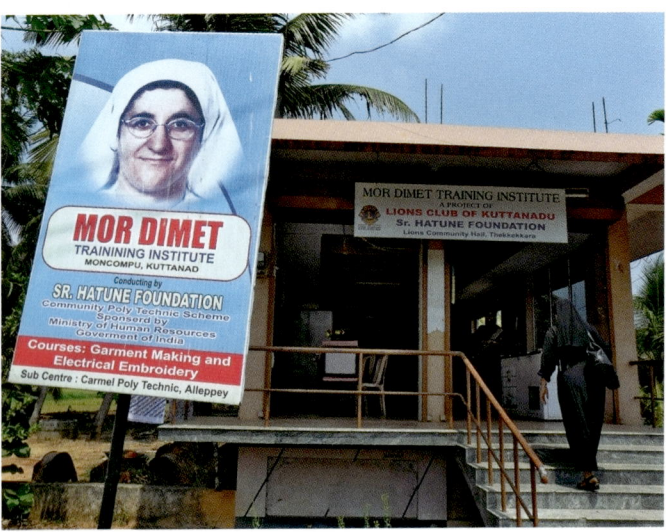

Eingang zu einer der Berufsschulen für Frauen der Sr. Hatune
Foundation in Indien

Verteilung von Nahrungsmittelsäcken in einem neuen christlichen Dorf im Norden des Irak, 2009

In Sarsing im Norden des Irak

Notunterkunft einer Flüchtlingsfamilie im Nordirak; die Frau musste mit ihren Kindern flüchten, weil ihr Mann ermordet wurde

Jonadam Kanna, Vorsitzender der chaldäisch-ostsyrischen Vereinigung im Nordirak

Hier wohnen jetzt Christen: Schule im Dorf Derawa im Nordirak

Auf den Straßen Bagdads, neuer Stadtteil

Eine Bombe hat das Haus dieser Frau in Dora/Bagdad zerstört, seitdem lebt sie schwer traumatisiert hier in Trümmern

Mitarbeiter des Vereins von Schwester Hatune in Dohuk/Nordirak

Inlandsflüchtlinge im Nordirak

Verteilung von Lebensmitteln in der Provinz Hasake in Syrien 2007

Irakisches Mädchen, das auch in den Nachbarländern nicht vor Verfolgung sicher ist und von Moslems missbraucht wurde

Schwester Hatune vor ihrem früheren Haus in Zaz

fühlte mich gewappnet: nach all den Leidensgeschichten aus dem Irak, die ich gehört, und den Lebensbedingungen der Flüchtlinge, die ich gesehen hatte. Ich meinte, es könnte kaum schlimmer werden. – Ich hatte ja keine Ahnung.

Istanbul

Als ich das erste Mal nach Istanbul kam, damals auf der Flucht aus Zaz, hatte ich keine großen Erwartungen. Die Stadt interessierte mich nicht. Ich war auf dem Land groß geworden, war dort glücklich gewesen, glücklicher hätte ich in keiner Stadt sein können. Erst recht nicht in Istanbul, dessen Größe mir etwas Angst einjagte – zwischen 1980 und 1990 wuchs die Einwohnerzahl Istanbuls um mehr als das Doppelte: von knapp drei auf fast sieben Millionen. Außerdem hatte eine meiner älteren Schwestern für eine Zeitlang in Istanbul bei einer wohlhabenden Familie gelebt und von dort eine eigenartige Marotte mitgebracht: Zurück in Zaz hängte sie sich plötzlich einen Sandsack ins Zimmer und begann, wie wild auf ihn einzudreschen. „Das ist Boxen", erklärte sie keuchend, als ich sie besorgt fragte, was sie denn da mache, „in Istanbul ist das gerade sehr schick!" Ich hingegen fand es gar nicht schick, wie meine aufgedrehte Schwester da um den albernen Sack herumhopste. Sondern ziemlich merkwürdig.

Wir hatten einige Verwandte und Bekannte in Istanbul, und da eine befreundete Familie gerade nach Hamburg ausgewandert war, stand ihre Wohnung leer. Dort konnten wir wohnen, bis wir die Pässe und Tickets besorgt haben würden. Die Wohnung befand sich im Stadtteil Bakırköy, unweit des Atatürk-Flughafens, im dritten Stock eines Hochhauses. Ich werde nie vergessen, wie wir zum ersten Mal vor dem Aufzug standen. So ein Ding hatten wir noch nie zuvor gesehen. Sicher, wir kamen nicht vom Mond, sondern von einem Dorf. Und schließlich war Zaz erst drei Jahre zuvor an das Elektrizitätsnetz angeschlossen worden. Auch Fernseher gab es dort. Beim Nachbarn durften wir oft Märchenfilme wie Schneewittchen anschauen. Aber einen Aufzug kannte natürlich keines unserer Häuser. Etwas mulmig war uns schon, als wir die Kabine betraten und sich die Tür hinter uns schloss. Wir glaubten, wir müssten in dem fensterlosen, engen Raum ersticken. Erleichtert atmeten wir dann auf, als wir den Lift wenige Augenblicke später wieder verlassen durften, und erstaunt nahmen wir zur Kenntnis, dass wir durch diese merkwürdige Einrichtung ums Treppensteigen herumgekommen waren. Mit der Zeit gewöhnten wir uns an den Aufzug, irgendwann machten wir Kinder uns auch einen Spaß daraus, damit hoch und runter zu fahren. Woran wir uns hingegen weniger leicht gewöhnen konnten, war das WC. Die Vorstellung einer Kanalisation mit vielen gewundenen, unterirdischen Rohren flößte uns Angst ein. Bald glaubten wir, dass die Ratten ihren Weg über das WC in unsere Wohnung finden würden, und wir trauten uns kaum, es zu benutzen.

Was wir uns auch nicht trauten: vor die Tür zu gehen. Unsere Istanbuler Verwandtschaft fürchtete, dass wir in der großen Stadt verloren gehen würden. Keine unberechtigte Befürchtung in diesem riesigen Moloch mit den vielen Menschen. Und hätten wir uns erstmal verlaufen, wären wir schnell hilflos gewesen. Vermutlich hätten wir nie wieder zurückgefunden, denn außer mir sprach keines der Kinder Türkisch und hätte nach dem Weg fragen können. Also trichterte man uns – und zwar nur zu unserem eigenen Schutz – Horrorgeschichten ein: Wenn wir ohne Begleitung vor die Tür gingen, würden wir weggeschnappt, geschlachtet und aufgegessen, impfte man uns ein. Denn da draußen, da lauerten die Kinderfresser und warteten nur darauf, so kleine, hübsche Flüchtlingskinder wie uns zwischen die Finger zu bekommen. Und die Drohungen verfehlten ihre Wirkung nicht. Tagaus, tagein verharrten wir in der Wohnung und warteten darauf, dass uns ein Onkel oder eine Tante besuchte, uns Essen brachte und Neuigkeiten. Eines Tages kam der Freund von meinem Bruder zu uns und verkündete:

„Heute machen wir einen Ausflug! Ich nehme euch mit auf eine kleine Insel und da könnt ihr mal wieder frische Luft schnappen!"

Eine Insel, das heißt: Wir würden uns vermutlich selbst dann wiederfinden, wenn wir uns verlieren sollten. Und wahrscheinlich war das auch der Hintergedanke unserer Verwandten, als sie das Ziel des kleinen Ausflugs bestimmten. Aber aus einem ganz anderen Grund war ich von der Idee mit der Insel begeistert. Endlich einmal würden wir wieder vor die Tür kommen und uns frei bewegen dürfen, würden rennen und springen können, uns gegenseitig fangen und Unsinn treiben. Uns war die Decke schon ganz schön auf den Kopf gefallen. Wir hatten einen ordentlichen Budenkoller! Aber vor allem meinen Eltern würde es gut tun, endlich mal herauszukommen. Mein Vater hatte sich so verändert in den letzten Tagen. Immer öfter sah ich ihn regungslos am Tisch sitzen, die Hand über den Augen, den Blick nach unten gerichtet, die Tränen rannen ihm über das Gesicht. „Was ist Papa, was ist?", fragte ich ihn dann, obwohl ich die Antwort kannte. Es waren immer dieselben Worte, die er dann leise und kraftlos sagte:

„Nichts, nichts, mein Kind. Es ist nichts."

Und in diesem „Nichts" steckte alles.

Schon die Überfahrt mit der Fähre war fantastisch. Wir ließen uns die frische Brise um die Nasen wehen, warfen den Möwen Brotkrumen zu, die diese erstaunlich gekonnt auffingen, und fühlten mit jeder Welle, die das Boot nahm, wie die Anspannung der letzten Tage immer weiter von uns abfiel, so wie auch die Stadt hinter uns immer kleiner wurde. Auf der Insel fielen uns als erstes die Bäume auf, es gab mehr Bäume als Häuser, und dieser Anblick verzückte uns. Allerdings gab es auch wahnsinnig viele Menschen. Sie waren alle aufs Feinste herausgeputzt und festlich angezogen, besonders die kleinen Jungen. Wie Miniatur-Sultane, so sahen sie aus mit ihren Turbanen und glänzenden Seidenhosen. Wahrscheinlich hätten wir gedacht, die Istanbuler liefen immer so herum – schließlich fehlte uns jeder Vergleich –, wenn uns der Freund meines Bruders nicht aufgeklärt hätte:

„Hier wird heute Beschneidung gefeiert! Für die kleinen muslimischen Jungs ist das ein großer Ehrentag. Sie bekommen viele Geschenke und dürfen viele Süßigkeiten essen."

Nun gut, dachte ich, dafür müssen sie auch einiges mit sich machen lassen. Interessiert nahmen wir zur Kenntnis, was für ein großer Rummel um so ein kleines Stück Vorhaut gemacht wird.

„Die Jungen werden normalerweise im Alter zwischen sechs und sieben Jahren beschnitten", erklärte der Freund meines Bruders. „Das Ritual symbolisiert den Übergang von der Kindheit zum Jugendalter."

Als ob man mit sechs, sieben Jahren auf einmal kein Kind mehr ist, ging es mir durch den Kopf. Ich dachte an meinen kleinen Bruder Habib, der gerade acht Jahre alt war. In meinen Augen war das ein Kind, kein Jugendlicher! Da hilft auch kein operativer Eingriff. Aber apropos: Wo steckte er überhaupt? Ich drehte mich um, Habib war nicht zu sehen. Ich rannte ein paar Schritte vor, um die Familie vor mir zu überholen, blickte nach links und rechts – doch von meinem Bruder fehlte jede Spur. Ich fragte die anderen, ob sie wüssten, wo er sei. Meine Eltern und Geschwister zuckten die Achseln – und wurden dann selbst nervös. Wir schauten auf die Menge kleiner beschneidungsfreudiger Jungen, und auf einmal durchfuhr uns der Schreck wie ein Blitz. Irgendjemand sprach aus, was alle befürchteten:

„Sie haben ihn gefangen und werden ihn gegen seinen Willen beschneiden!"

Kaum war der Verdacht ausgesprochen, war er auch schon schreckliche Realität – zumindest in unseren Köpfen, wo uns die Fantasie einen furchtbaren Horrorfilm vorführte. Darin sah ich meinen kleinen, zitternden Bruder auf dem Tisch eines barbarischen Schlächters liegen, der ihm grinsend die Hose von der Hüfte zieht und dann mit einem großen Säbel zu Leibe rückt.

„Hilfe!", schrien wir, nur verstand uns keiner.

Nach der ersten Panik beschlossen wir, strukturiert vorzugehen und Habib organisiert und großräumig zu suchen. Wir bildeten Gruppen und machten uns in verschiedene Richtungen auf den Weg. Aufgeregt rannten wir durch die Straßen und die Menschentrauben, riefen den Namen meines Bruders und fragten Passanten, ob sie ihn vielleicht irgendwo gesehen hätten. Doch wer hatte an diesem Tag schon Augen für einen kleinen, einfach gekleideten Dorfjungen, wo doch die Mini-Sultane alle Blicke auf sich zogen? Eine halbe Ewigkeit liefen wir auf der Insel herum, schrien uns die Seele aus dem Leib – vergebens. Habib war spurlos verschwunden.

Inzwischen war es Abend geworden. Erschöpft nahmen wir unter einem alten Baum Platz. Und es dauerte nicht lange, da begannen wir zu weinen. Wir trauerten. Wir trauerten um unseren Bruder. Wir fürchteten, ihn für immer verloren zu haben. Doch dann, auf einmal, als niemand mehr daran glauben wollte, sahen wir Habib aus der Ferne auf uns zuschlendern. Er hatte sich irgendwo herumgetrieben und keine Ahnung gehabt, dass wir ihn so verzweifelt suchten. Als er unsere Tränen sah, war er verwirrt. „Was ist passiert?", fragte er. Doch wir lachten nur, schlossen ihn in die Arme, weinten wieder – diesmal vor Freude – und beschlossen, niemals wieder in Istanbul vor die Tür zu gehen, so lange wir in dieser schrecklich großen und schrecklich unübersichtlichen Stadt auch bleiben mussten. Und wenn es Jahre dauern sollte!

Der schönste Moment unseres Aufenthaltes in Istanbul war zweifellos der, an dem unser Verwandter zur Tür hereinstürmte und freudestrahlend rief: „Ich habe eure Pässe und eure Tickets. Ihr könnt nach Deutschland ausreisen!" Wir starrten ihn erst ein paar Sekunden fassungslos an, dann klatschten wir begeistert und fielen uns erleichtert und glücklich gegenseitig um den Hals. Wir konnten es kaum glauben: In wenigen Stunden würden wir dieser unwirtlichen Stadt den Rücken gekehrt haben. Ich weiß bis heute nicht genau, wie unser Verwandter es angestellt hat, wie viel Schmiergeld er den finsteren Beamten hatte zustecken müssen, damit wir alle endlich unsere Pässe mit den entsprechenden Stempeln in den Händen halten konnten – und was er für die Tickets zahlen musste. Von 20 000 DM war die Rede, vielleicht war es mehr, vielleicht auch weniger. Doch so viel stand fest: Unser gesamtes Vermögen, das ganze Geld, das uns der Verkauf unserer Ernte und unseres Viehs eingebracht hatte, war für die Formalitäten und Flugtickets draufgegangen. Wir mussten uns sogar noch 2500 DM von Verwandten leihen. Keine Frage, wir waren pleite. Aber glücklich: Wir durften ein neues Leben beginnen – und zwar in einem Land, in dem Christen nicht verfolgt werden und wir Kinder eine Zukunft haben würden.

Doch in den Freudentaumel mischte sich sogleich auch wieder ein wenig Sorge. Der Verwandte, der uns die ganzen letzten Wochen und Monate begleitet hatte, uns zu den Ämtern geführt, für uns übersetzt und vermittelt hatte, würde nicht mitkommen. Wir wären ganz auf uns allein gestellt. Und im Gegensatz zu Istanbul, wo wenigstens ich – anders als meine Eltern und Geschwister – die Landessprache sprach, würden wir nun in Länder reisen, wo auch ich nicht mehr würde übersetzen können, denn zum damaligen Zeitpunkt sprach ich weder Deutsch noch Englisch. Außerdem hatte keiner von uns jemals ein Flugzeug bestiegen. Was, wenn wir uns auf dem Flughafen verlaufen würden, die Schilder nicht lesen könnten, uns niemand verstünde? Meine Schwester in Belgien versuchte uns via Telefon zu beruhigen: „Es ist gar nicht so kompliziert. In Istanbul müsst ihr nur den Weg zum Flugzeug finden. Aber da könnt ihr notfalls fragen, Hatune spricht ja Türkisch. Und dann steigt ihr einfach aus dem Flugzeug aus, wenn alle es tun. Mein Mann holt euch ja vom Flughafen ab. Und sollte euch unterwegs irgendwer komisch ansprechen und ihr ihn nicht verstehen, dann sagt ihr einfach nur: *Refudschi*! Das heißt Flüchtling, dann wissen die Leute Bescheid. Ihr müsst euch also nur das eine Wort merken: *Refudschi*!"

„Refudschi! Refudschi!", äfften wir Kinder gleich nach und lachten. Es würde uns nicht schwerfallen, das Wort zu behalten: Fudschi heißt in unserer Sprache nämlich

„Honigmelone". Und während wir uns fröhlich diese Eselbrücke bastelten, bekam die große weite Welt mit all ihren Gefahren und Herausforderungen gleich eine heimatliche und verheißungsvolle Note.

Als ich das zweite Mal nach Istanbul kam, war ich dann schon lange kein Refudschi mehr, besser: kein refugee, wie es, das weiß ich inzwischen, im Englischen richtig heißt. Ganz im Gegenteil: Ich hatte gerade meinen Reisepass bekommen, ich war per Dokument deutsche Staatsbürgerin geworden und durfte endlich reisen. Das war im Jahr 2001. Und natürlich sollte mich meine erste Reise in die Heimat führen. Ich wollte sehen, was aus meinem Dorf geworden war. Und vor allem wollte ich eine Sehnsucht stillen, die über die Jahre hinweg nicht verschwinden wollte und sich, im Gegenteil, tief in meinen Träumen festgesetzt hatte: Es verging tatsächlich keine Nacht, in der ich nicht von meinem Heimatdorf Zaz träumte. In diesen Träumen wanderte ich über die Felder, fütterte das Vieh, half dem Vater beim Mähen und bei der Weinlese oder meditierte in meinem geliebten Mandelbäumchen. Bald sollte ich also den Ort meiner Träume endlich, endlich wieder sehen.

Die Reise in die Heimat führte über Istanbul. Meine Schwester Seyde war mitgekommen, außerdem eine Nonne und ein Mönch aus Belgien. Vier Tage wollten wir in Istanbul bleiben. Wir waren Gast der syrisch-orthodoxen Gemeinde in Istanbul und übernachteten bei dem Sohn des Priesters, der mich einst in Zaz getauft hatte.

In diesen Tagen sah ich die Stadt mit anderen Augen. Natürlich, ich war kein Flüchtlingsmädchen mehr, ich war Touristin. Und der Pfarrer führte uns auch wie ein ausgebildeter Fremdenführer herum. Wir fuhren mit dem Boot den Bosporus hinunter, vorbei an herrlichen alten Holzvillen aus der Zeit der Osmanen und unter den beiden modernen Hängebrücken hindurch, welche Europa und Asien miteinander verbinden, oder, wie man so gern sagt: Orient und Okzident. Wir besuchten die Paläste der Sultane, Topkapı und Dolmabahçe Sarayı, und bestaunten auch die Kunstschätze im Museum für türkische und islamische Kunst. Wir spazierten über den Großen Basar in Sultanahmet, der historischen Altstadt, und über den kleineren, den sogenannten ägyptischen Basar, wo es so wunderbar vertraut nach all den Gewürzen und Früchten meiner Heimat duftete. Wie lange hatte ich doch diese Gerüche vermisst!

Und dann besuchten wir natürlich auch die Hagia Sophia, das beeindruckendste und gewaltigste Bauwerk in Istanbul. Der römische Kaiser Justinian wollte damals eine Kirche stiften, „wie es sie seit Adams Zeiten nicht gegeben hatte und wie es sie niemals wieder geben würde". Und tatsächlich: Das Bauwerk galt bald als achtes Weltwunder der Spätantike und wurde zum bedeutendsten Beispiel für den Bautypus der Kuppelbasilika. Die monumentale Kuppel, welche den gesamten Innenraum beherrscht, ruht auf nur vier Pfeilern und wirkt fast, als schwebe sie über dem Raum. In der unteren Wölbung sind vierzig Fenster angeordnet, deren Lichtkranz diesen Eindruck nur verstärkt. Keiner, der die Kirche betritt, kann sich der Magie des Gebäudes entziehen: Der Raumeindruck ist überwältigend. 56 Meter ist die Kuppel hoch, 31 Meter misst sie im Durchmesser.

Fast tausend Jahre lang war die Hagia Sophia die Hauptkirche der Christenheit und der prachtvollste Kirchenbau überhaupt. Erst im 16. Jahrhundert machte ihr der Petersdom in Rom Konkurrenz, dessen Kuppel die in Konstantinopel erstmals in der Geschichte überbot. Doch eine Kirche war die Hagia Sophia da schon lange nicht mehr: Nach dem Einmarsch der Osmanen im Mai 1453 wurde die Kathedrale von den Eroberern geplündert und der Altar entweiht. Der Sultan höchstpersönlich ritt in die Kirche ein, um das Lob Allahs und seiner Propheten zu verkünden. Für den Kirchenbau hatten die neuen Herrscher von Konstantinopel auch eine gute Verwendung: Als Moschee sollte er fortan genutzt werden. Also zog man – übrigens noch im selben Jahr – an den Flanken der Kirche vier Minarette hoch, ersetzte christliche Insignien durch muslimische, zerstörte oder übertünchte Mosaike und Wandgemälde und stattete das Gebäude mit allem aus, was eine Moschee benötigt: mit einer islamischen Gebetsnische – Mihrab genannt –, einer Gebetskanzel – Mimbar –, einer Sängertribüne für den Muezzin sowie einer Loge für den Sultan. Das große Kuppelkreuz wurde abgenommen und sein Material zum Bau der Treppe benutzt, über die dann jeder gehen musste, der in die neue Moschee wollte – kein durchdachtes Recycling war das, sondern ein Akt der Entwürdigung: Seht her, wir treten eure Kreuze mit Füßen!, so die Botschaft.

Jahrhundertelang war die ehemalige christliche Kirche die Hauptmoschee der Osmanen. Das blieb sie bis in die 1930er-Jahre, als das Gebäude auf Anregung Atatürks in ein Museum umgewandelt wurde. Im Zuge dessen wurden die übermalten Mosaike wieder freigelegt, so sie durch den Putz und die Farbe nicht schon vollständig zerstört waren. Heute kann man auf den Emporen, die bei den Byzantinern wie den Türken den Frauen vorbehalten waren, wieder Reste der alten Mosaike betrachten. Sie zeigen Jesus als Weltenrichter, die Kaiserin Zoe mit ihrem Gemahl Konstantion IX. Monomachos und ein weiteres Kaiserpaar. Von der Empore aus hat man auch einen guten Blick auf die siebeneinhalb Meter Durchmesser aufweisenden Holzschilder mit den Namen Allahs, des Propheten Mohammed und der ersten vier „rechtgeleiteten" Kalifen. Sie stammen aus der Zeit von 1847 bis 1849, als Sultan Abdülmecid I. die Moschee renovieren und restaurieren ließ. Ich weiß noch, wie ich bei meinem ersten Besuch in der Hagia Sophia fassungslos auf die runden Holzschilder mit den goldenen arabischen Schriftzeichen starrte. Sie waren Fremdkörper in dem herrlichen Kirchenbau. Mehr als das: Sie zerstörten den Eindruck, sie machten alles kaputt.

Kurz zuvor hatte ich erst anhören müssen, wie ein Reiseführer seiner türkischen Reisegruppe erklärte, was es mit dem Loch in der „schwitzenden Säule", die man kurz vor Verlassen des Hauptschiffs rechterhand passiert, auf sich hat: „Mohammed hat seinen Daumen einst in dieses Loch gesteckt und die Hand um 360 Grad gedreht. Noch während er das tat, verwandelte sich die Kirche auf einen Schlag – quasi im Handumdrehen – in eine Moschee." Ich hätte platzen können vor Wut. Doch was mich noch mehr als die Worte des Fremdenführers ärgerte war die Gutgläubigkeit der Touristen: Die akzeptierten seine Geschichte ohne Weiteres. Brav reihten sie sich dann in die Schlange vor der Marmorsäule ein, die sich immer etwas feucht anfühlt – vermutlich weil das poröse Gestein Wasser aus der unterirdischen Zisterne ansaugt –, um dann auch, wie einst Mohammed, ihren Daumen in der Öffnung um 360 Grad zu verrenken. Das wirke Wunder, hieß es, Leiden jedweder Art würden daraufhin verschwinden. Vor allem Augenleiden und Impotenz. Doch gegen das Leid, das ich gerade spürte, würde der Griff in das Loch sicher nicht helfen – also ließ ich es bleiben.

Später erfuhr ich, was man den muslimischen Besuchern der Hagia Sophia zuweilen noch so alles erzählte. Etwa auf die Frage, die Statiker und Architekten über Jahrhunderte lang beschäftigte: Wie kommt es, dass die allein auf vier Pfeilern ruhende tonnenschwere Kuppel nicht in sich zusammenbricht und sogar so manchen heftigen Erdstoß nahezu unbeschadet überstand? Auf diese Frage kennt man folgende Antwort: Nachdem im Jahr 558, gerade zwanzig Jahre nach Fertigstellung der Kirche, bei einem Erdbeben die erste Kuppel abstürzte, suchten die Architekten Rat bei dem in Arabien lebenden Propheten der Muslime, Mohammed. Nur er, so hieß es, könne solch einen gewaltigen Kuppelbau durch Wunderkraft vollenden. Mohammed sagte ihnen, dass nur von ihm gesegneter Sand und die mekkanische Erde sowie deren Wasser die Kuppel zum Tragen bringen könnten. Also luden die Gesandten, so geht die Legende, den gesegneten Sand, die Erde und das Wasser auf ihre Wagen und bedankten sich bei dem Propheten für seinen Rat. Doch Mohammed winkte ab: Nicht den Christen wolle er damit helfen, sondern seinen Anhängern. Die Hagia Sophia, so sah er es damals schon voraus, werde nämlich eines Tages eine wichtige islamische Gebetsstätte sein.

Heute weiß man übrigens, was die Kuppel tatsächlich trägt: Wie Wissenschaftler der Universität Bern herausfanden, beruht der Entwurf auf einem sogenannten Analemma. Das Grundprinzip der Konstruktion ist demnach eine schwer durchschaubare Kombination von Kreisen und Quadraten im zweidimensionalen Raum sowie von Kugeln und Würfeln im dreidimensionalen Raum. Aber das ist natürlich nicht so leicht zu vermitteln wie die Legende vom gesegneten Sand.

Die Muslime hatten übrigens nicht nur keine Skrupel,

das Gebäude für ihre Zwecke umzunutzen und dies außerdem mit entsprechenden Legenden zu rechtfertigen, sie übernahmen auch dessen Architektur für ihre weiteren religiösen Stätten. Man muss nur vor die Tore der Hagia Sophia treten, schon hat man den besten Blick auf einen dieser von der christlichen Kuppelbasilika inspirierten Moscheenbauten: Die Sultan-Ahmet-Moschee, benannt nach dem Sultan, der sie von 1606 bis 1618 bauen ließ, aber eher – wegen der Farbe der Fliesen, die die Kuppel zieren – als Blaue Moschee bekannt ist, sieht aus wie die jüngere Schwester des benachbarten Kirchenbaus. Auch sie ist ein Kuppelbau und gilt als ein Hauptwerk der osmanischen Architektur. Weltbekannt wurde sie im Jahr 2006, als Papst Benedikt XVI. hier am 30. November – im Rahmen seines vielbeachteten Istanbul-Besuchs – einen historischen Moment lang in der für Muslime üblichen Gebetshaltung in einer Meditation verharrte und den Eindruck erweckte, er bete mit dem Großmufti mit. Der Vatikan hatte danach zwar schnell klargestellt, dass es sich lediglich um eine Meditation gehandelt habe. Dennoch war die muslimische Welt zufrieden und interpretierte die Geste als eine Respektsbezeugung dem Islam gegenüber. Zuvor hatte man schon mit Erleichterung registriert, dass der Papst den musealen Charakter der Hagia Sophia akzeptierte und – vielen Befürchtungen zum Trotz – sich nicht dazu hatte hinreißen lassen, in der einstigen Kirche ein Gebet anzustimmen. Und als Benedikt XVI. schließlich vor seinem Abflug nach Rom auf dem Flughafen verkündete, ein Teil seines Herzens bleibe in Istanbul, waren viele muslimische Beobachter – nach den ganzen Tumulten um die Regensburger Rede – mit dem Vatikan, so schien es, wieder versöhnt. Der Besuch des Papstes wurde deshalb als eine diplomatische

Meisterleistung gewertet – vor allem in Anbetracht der Tatsache, dass seiner Ankunft in Istanbul heftige Proteste vorausgegangen waren und sich zunächst niemand aus der türkischen Führungsetage bereit gezeigt hatte, ihn zu empfangen: nach alldem, was der Papst nur wenige Monate zuvor, am 12. September 2006, in Regensburg gesagt hatte. Damals hatte er in einer Vorlesung vor Wissenschaftlern eine Aussage des spätmittelalterlichen byzantinischen Kaisers Manuel II. Palaiologos zur Rolle der Gewalt im Islam zitiert:

„Ohne sich auf Einzelheiten wie die unterschiedliche Behandlung von ‚Schriftbesitzern‘ und ‚Ungläubigen‘ einzulassen, wendet er sich in erstaunlich schroffer Form ganz einfach mit der zentralen Frage nach dem Verhältnis von Religion und Gewalt überhaupt an seinen Gesprächspartner. Er sagt: ‚Zeig mir doch, was Mohammed Neues gebracht hat, und da wirst du nur Schlechtes und Inhumanes finden wie dies, dass er vorgeschrieben hat, den Glauben, den er predigte, durch das Schwert zu verbreiten.‘ Der Kaiser begründet dann eingehend, warum Glaubensverbreitung durch Gewalt widersinnig ist. Sie steht im Widerspruch zum Wesen Gottes und zum Wesen der Seele. ‚Gott hat keinen Gefallen am Blut‘, sagt er, ‚und nicht vernunftgemäß, nicht σὺν λόγω zu handeln, ist dem Wesen Gottes zuwider. Der Glaube ist Frucht der Seele, nicht des Körpers. Wer also jemanden zum Glauben führen will, braucht die Fähigkeit zur guten Rede und ein rechtes Denken, nicht aber Gewalt und Drohung … Um eine vernünftige Seele zu überzeugen, braucht man nicht seinen Arm, nicht Schlagwerkzeuge noch sonst eines der Mittel, durch die man jemanden mit dem Tod bedrohen kann.‘“

Kaum ausgesprochen, lösten die Worte des Papstes in der muslimischen Welt eine Welle, nein einen Tsunami der Entrüstung aus. Hatte er da tatsächlich vom Propheten Mohammed gesprochen als einem, der nur „Schlechtes und Inhumanes" in die Welt gebracht habe? Auch wenn es nur ein Zitat war, so kam dies doch ausgerechnet von einem byzantinischen Kaiser. Der Vatikan mühte sich eilig um Schadensbegrenzung: Der Papst bedauerte das Missverständnis und erklärte, dass er sich nie das Zitat zu eigen machen wollte, sondern lediglich auf den wesentlichen Zusammenhang zwischen Glaube und Vernunft hinführen wollte – und dass er große Ehrfurcht gegenüber dem Koran empfinde. Der Sprecher des Vatikans betonte immer wieder, dem Papst sei es um eine entschiedene Zurückweisung religiös motivierter Gewalt gegangen, nicht darum, die Gefühle der Muslime zu verletzen. Doch genau das war bereits geschehen.

Aus der Türkei waren damals die ersten scharfen Reaktionen gekommen. „Einseitig, voreingenommen, feindselig und provozierend" seien die Äußerungen des Papstes, erklärte Ali Bardakoğlu, Chef der staatlichen Religionsbehörde. Die Organisation der Islamischen Konferenz (OIC) – eine zwischenstaatliche internationale Organisation mit derzeit 57 islamischen Mitgliedsstaaten – befand, dass die Zitate, nähme man sie ernst, einem „Anschlag auf das Ansehen des Propheten" gleichkämen. Scheich Jussuf al-Kardawi, im sunnitischen Islam eine Autorität, die der eines Papstes am nächsten kommt, stellte fest: „Die Muslime haben das Recht, wütend und verletzt zu sein über diese Kommentare des höchsten christlichen Klerikers." Und Ayatollah Ali Chamenei, das geistliche Oberhaupt Irans, bezeichnete die Papstrede als das „letzte Glied eines Komplotts für einen Kreuzzug".

In einer Videobotschaft von al-Qaida, die das italienische Privatfernsehen TG5 ausstrahlte, wurde eine

Morddrohung gegen Papst Benedikt XVI. ausgesprochen. Dieser habe sich in eine Reihe mit George W. Bush und Tony Blair gestellt, erklärten die Terroristen. Auf einer islamistischen Website, die der Organisation zugeschrieben wird, heißt es in einer Erklärung, nach einem Sieg des Islam im Dschihad werde es für die Unterlegenen nur die Möglichkeit geben, zum Islam überzutreten oder „mit dem Schwert getötet zu werden".

Und die Taten ließen nicht lange auf sich warten: Im Gazastreifen gab es einen ersten Sprengstoffanschlag auf das Jugendzentrum einer griechisch-orthodoxen Gemeinde. In Mogadischu wurde die 65-jährige italienische Nonne Schwester Leonella Sgorbati, Mitarbeiterin in einem SOS-Kinderdorf-Krankenhaus, am Mittag des 17. September beim Überqueren einer Straße von hinten erschossen, nachdem am Tag zuvor islamistische Fundamentalisten in Somalia zur „Jagd auf den Papst" aufgerufen hatten: Wer auch immer den Propheten Mohammed beleidige, so hatte ein Prediger gerufen, müsse von dem Muslim getötet werden, der sich in der Nähe befinde. Und als im Oktober 2006 in Mosul der syrisch-orthodoxe Pfarrer Paulos Iskandar entführt wurde, forderte man neben einem Lösegeld auch von der Kirche, sich von den Äußerungen Papst Benedikts zu distanzieren. Drei Tage später fand man die verstümmelte Leiche des Geistlichen. Im Irak setzte erneut eine große Flüchtlingswelle ein. Die erste hatte sich 2005 in Bewegung gesetzt, als in Bagdad sieben Kirchen in Brand gesteckt wurden.

Der Papstbesuch war fast ein halbes Jahr her, als ich nach Istanbul flog, um christlichen Flüchtlingen aus dem Irak zu helfen. Auf dem Weg dorthin musste ich an die Worte aus der gemeinsamen Erklärung von Papst Benedikt und Bartholomaios I., dem Ökumenischen

Patriarchen von Konstantinopel, denken. Unter anderem hieß es da: „Wir wollen vor allem mit größtem Nachdruck feststellen, dass die Ermordung Unschuldiger im Namen Gottes ein Frevel gegen Gott und gegen die Menschenwürde ist."

Mein erster Anlaufpunkt war die Gemeinde von François Yakan. Seit 2004 ist er Patriarchalvikar der Chaldäisch-Katholischen Kirche in Istanbul. Trotz vieler Schwierigkeiten gelang es ihm, den Verein KASDER zu gründen, der die Unterstützung irakischer Flüchtlinge zum Ziel hat. Ich hatte schon vor gut einem Jahr spontan versucht, Pater François zu treffen. Damals war er nicht in Istanbul, ich konnte nur kurz mit einem Assistenten sprechen. Aber diesmal hatte ich einen Termin.

Die Gottesdienste der chaldäischen Gemeinde in Istanbul werden in der St. Antuan di Padova Kilisesi im Stadtteil Beyoğlu gefeiert. Die Kirche befindet sich direkt auf der İstiklal Caddessi, der fast zwei Kilometer langen Einkaufsstraße Istanbuls, auf der immer so viele Leute unterwegs sind, dass man glauben könnte, hier sei gerade eine Demonstration im Gange. Am Tag sind es die Touristen und Flaneure, die hier vorbei an internationalen Modegeschäften, heimeligen Buchläden und nostalgischen Konditoreien spazieren. Und abends die Ausgehfreudigen, die in den Bars und Clubs der İstiklal und ihrer Nebenstraßen das Nachtleben erkunden. Wenn man in der Millionenmetropole, die sich über verschiedene Hügel und sogar über zwei Kontinente erstreckt, ein massentaugliches Zentrum ermitteln wollte, dann wäre es wohl hier: auf dieser Straße.

Die mächtige ziegelsteinrote Kirche wurde Anfang des 20. Jahrhunderts gebaut. Damals war nur die Hälfte der

Bevölkerung von Konstantinopel muslimischen Glaubens. Über 200 000 Griechen lebten in der Stadt, ebenso viele Armenier und 80 000 weitere Christen, darunter Bulgaren, Georgier, Lateiner. Das Viertel um die Kirche war stark von den Griechen geprägt, die hier ihre Geschäfte, Häuser und Kirchen hatten. Bis in die 1950er-Jahre lebten sie relativ sorglos, sie wurden weitgehend toleriert. Doch es sollte nicht mehr lange dauern, bis die türkischen Nationalisten einen Weg fanden, sich auch ihrer effektiv zu entledigen. So wie zuvor der Armenier. Und wie auch schon der vielen anderen Griechen, die in der Türkei lebten und die man bereits erfolgreich gegen Landsleute, die im Ausland wohnten, eingetauscht hatte: Anfang der Zwanzigerjahre hatten rund 1,2 Millionen im Zuge des Bevölkerungsaustauschs die Türkei verlassen wie umgekehrt etwa eine halbe Million Türken Griechenland. Das Kriterium für die Volkszugehörigkeit war damals übrigens nicht die Sprache, sondern die Religion. Für die Griechen in Istanbul galt eine Sonderregelung, zu sehr hielten sie mit ihren Geschäften und ihrem Know-how den Handel und die Wirtschaft der Stadt am Laufen, daher durften sie bleiben. Vorerst. Bis zu jener Nacht vom 6. auf den 7. September im Jahr 1955. Damals zog eine aufgebrachte Menschenmenge durch die Straßen Beyoğlus, schmiss die Fensterscheiben griechischer Geschäfte ein, plünderte die Läden und Wohnungen, steckte Häuser, Autos und Kirchen in Brand, schändete Friedhöfe, vergewaltigte und mordete – und all das unter den Blicken der Polizisten, die die Plünderer und Mörder gewähren ließen, wenn sie nicht sogar zuweilen selbst mitmischten. Die Ausschreitungen sollten ein Rachefeldzug sein: In Thessaloniki hätten Griechen Atatürks Geburtshaus in Brand gesteckt, hieß es. Heute weiß man,

dass es der türkische Geheimdienst war, der den Brand-
satz zündete, und dass die Aktion in Beyoğlu von langer
Hand geplant war. Nach dem Pogrom packten die meisten der Griechen ihre Koffer und verschwanden aus der
Stadt in Richtung Griechenland, das viele nur vom Hö-
rensagen kannten und das alles andere als eine Heimat
war. Rund zehn Jahre später wurden im Rahmen der
Zypernkrise viele der wenigen noch in der Türkei verbliebenen griechischen Staatsbürger willkürlich ausgewiesen.
Heute leben gerade mal um die 2000 Griechen in Istanbul, Tendenz sinkend: Das griechische Gymnasium,
Ende des 19. Jahrhunderts gebaut, weil die anderen
beiden griechischen Gymnasien Istanbuls nicht mehr
ausreichten, steht vor der Schließung: Es gibt kaum
noch Schüler. Die griechisch-orthodoxen Gemeinden
schrumpfen, Gottesdienste müssen oft ausfallen, weil
sich nicht mehr als eine Handvoll Gläubige einfindet.

Vor diesem Hintergrund ist es ein ungewöhnliches
Bild, das sich dem Besucher der St. Antuan di Padova Kilisesi hier sonntags zeigt: Ein christlicher Gottesdienst
findet statt, und die Kirche ist gut besucht! Es ist eine
chaldäisch-katholische Messe und die Gläubigen sind
zum größten Teil Flüchtlinge aus dem Irak. Die Chaldäer
bilden noch vor den Syro-Aramäern die größte Glau-
bensgemeinschaft im Irak.

Rund 3000 irakische Flüchtlinge sind bei dem Verein
von François registriert. Der Pater hilft ihnen mit Essen-
und Kleiderspenden und füllt mit ihnen die entsprechenden Anträge auf Ausreise aus. Ich möchte François bei
seiner Arbeit finanziell unterstützen, aber auch selbst
aktiv werden. Dafür muss ich mir zunächst ein Bild von
der Situation der Flüchtlinge in Istanbul machen und
lasse mich von François dorthin führen, wo sie in der

Riesenmetropole Unterschlupf finden. Es sind die Stadt-
teile Yeşilköy, Bakırköy, Tarlabaşı und Kadıköy, vorwiegend arme, zum Teil sehr heruntergekommene Viertel
fern des Glanzes von Beyoğlu und den schicken Ecken
der Stadt. Die Flüchtlinge hausen überwiegend in den
Kellern alter, maroder Häuser, die man eigentlich schon
lange abgerissen hätte, würden deren Eigentümer über
das dafür nötige Geld verfügen. Diese Kellerwohnungen
haben weder Fenster noch Toiletten. Da sie nicht an die
Kanalisation angeschlossen sind, behilft man sich oft mit
einfachen Löchern, die man in den Boden gräbt. Es riecht
sehr streng, Ratten rennen herum.

In einer solchen Wohnung treffe ich Lea. „In Mosul
hatten wir ein großes Haus", sagt die junge Frau und
zuckt fast entschuldigend mit den Achseln. Ihr Mann arbeitete bei einer Ölraffinerie, erzählt sie, dem Ehepaar
ging es finanziell bestens. Doch von einem Tag auf den
anderen änderte sich ihr Leben schlagartig. Sechs maskierte Männer hatten das Haus gestürmt, den Mann gefesselt und Lea vor seinen Augen vergewaltigt. „Danach
konnten wir keinen Tag länger in dem Land bleiben",
sagt Lea leise. „Wir wollten weg, egal wohin, nur raus
aus dem Irak." Sie vertrauten sich einem Schlepper an,
der sich auf die Flucht in die Türkei spezialisiert hatte,
und fragten ihn, was es kosten würde, die beiden außer
Landes zu bringen. „Alles, was ihr habt!", hatte er gesagt.
Und Wort gehalten: „Als wir uns der türkischen Grenze
näherten, durchsuchte er uns und nahm uns alles ab,
was wir bei uns trugen. Wir hatten sämtlichen Schmuck
und all unser Bargeld mitgenommen, als wir Mosul verlassen mussten. Endlich in der Türkei angekommen, be-
saßen wir dann nichts mehr als unsere Kleidung am
Leib." Lea bat den Schlepper, ihr wenigstens den Trauring

zu lassen. Der Mann tat ihr den Gefallen. Doch lange sollte sie den Ring nicht behalten: In Istanbul musste sie ihn bald verkaufen, um sich und ihrem Mann von dem Geld Nahrung zu kaufen.

Nicht nur die Lebensmittel sind hier teuer. Die Wohnungen stehen unter der Kontrolle von Kriminellen. Dreißig Euro wollen sie pro Person und Monat, egal, ob es sich um ein Kind oder einen Erwachsenen handelt. Wer nicht zahlen kann, wird vor die Tür gesetzt. Doch woher sollen die Menschen das Geld nehmen? Arbeiten dürfen sie nicht, zumindest nicht offiziell, da sie illegal im Land leben. Die Türkei hat zwar seit 1962 die Genfer Flüchtlingskonvention unterschrieben, gewährt aber nur Flüchtlingen aus Europa Schutz. Flüchtlinge ohne gültige Papiere werden von der Polizei aufgegriffen und dann in Haft genommen. Neben den allgemeinen Gefängnissen der Polizei gibt es ein sogenanntes „guesthouse", ein Abschiebegefängnis, das unmittelbar der Ausländerbehörde untersteht und bei Asylbewerbern sehr gefürchtet ist: Im Vergleich zu anderen türkischen Haftanstalten, die ja schon nicht den besten Ruf genießen, sind die Haftbedingungen hier besonders entwürdigend.

Wer also das Haus verlässt, um schwarz zu arbeiten, riskiert, von der Polizei aufgegriffen zu werden. Doch nicht nur das: Lea weiß von einigen Frauen, die in Nachbarhäusern putzen – für einen lächerlich geringen Lohn – und von den Männern dort sexuell missbraucht werden. Die Frauen können die Täter nicht anzeigen, im Gegenteil, oft bleibt ihnen gar nichts anderes übrig, als dennoch wieder hinzugehen.

Ich schaue mich um. In der Wohnung hätten unter normalen Umständen vielleicht maximal zwei Familien Platz. Hier aber müssen sich mindestens doppelt so viele den spärlichen Raum teilen. Im Nebenraum sehe ich, wie eine Mutter versucht, ihren Säugling zu stillen. Doch die junge Frau ist abgemagert und krank, unmöglich, dass dieser Körper in der Lage ist, Muttermilch zu produzieren. Die Hilflosigkeit der Frau erschüttert mich.

Wie das Verhältnis zu den anderen Flüchtlingen ist, frage ich Lea, ob man sich gegenseitig stütze, das Erlebte durch Gespräche verarbeite.

„Ich schäme mich vor ihnen", sagt sie. „Sie wissen, dass ich vergewaltigt worden bin. Ich versuche, ihnen aus den Weg zu gehen."

Ein Versuch, der zum Scheitern verurteilt ist, so eng und voll, wie es hier ist. Man kann kaum sagen, wer hier zu wem gehört. Es ist eine einzige, unübersehbare Menschenmenge. Eine Frage schwirrt in meinem Kopf herum. Erst traue ich mich nicht, sie zu stellen. Dann frage ich Lea doch: Ob der Glaube ihr hilft in ihrer Situation? Ob sie noch Stärke aus ihm ziehen kann, trotz allem, was ihr widerfahren ist?

„Ja", sagt sie, ohne zu zögern, „unsere Vorfahren waren starke Gläubige, und sie haben in früheren Zeiten unter ähnlichen, noch stärkeren Verfolgungen gelitten. Wir glauben, dass unsere Verfolgung eine Ehre und eine Herausforderung für unser spirituelles, religiöses Leben darstellt."

In einer ähnlichen Kellerwohnung im Stadtteil Kadıköy treffe ich Miryam. Oder besser: Ich entdecke sie dort. Das Mädchen liegt im Bett und starrt teilnahmslos an die Wand. Während ich mit ihren Eltern spreche, lasse ich Miryam nicht aus den Augen. Ihr Gesicht ist regungslos, ihr Körper verharrt die ganze Zeit in derselben Position, sie scheint wie zu Stein erstarrt. Nur einmal, als jemand den Raum betritt und die alte, schwere Holztür knarrend ins Schloss fällt, geht ein Zucken durch den Körper. Reflexartig wirft sie die Hände über den Kopf, zieht die Beine an den Oberkörper und versteckt das Gesicht zwischen den Knien.

„Was genau ist mit dem Mädchen geschehen?", frage ich die Eltern, die mir gerade erzählt hatten, dass das Kind entführt worden ist und tagelang in der Gewalt fanatischer Muslime war, bis die Eltern es für ein Lösegeld von 32 000 Dollar wiederbekamen. „Was haben die mit ihr gemacht?"

Der Vater zuckt die Achseln: „Sie haben sie gekniffen, begrapscht und manchmal auch geschlagen. Das hat sie erzählt. Aber an ihr vergangen haben sie sich nicht."

Als ich das zusammengekauerte Mädchen anschaue, ist mir klar, dass da weit mehr passiert sein muss. Ich bitte Miryams Familie, mich für einen Moment mit ihr allein zu lassen. Die Eltern stehen auf. Der Onkel will sich allerdings nicht davon abbringen lassen, dabei zu sein. Ich schiebe ihn sanft aus dem Zimmer, dann schließe ich behutsam und leise die Tür. War es doch ihr Knarren, das Miryam so verschreckt hatte.

Ich setze mich zu dem Mädchen auf die Bettkante und versuche, zu ihr durchzukommen. Sie hat eine dicke Mauer um sich aufgebaut, die sie schützen soll – die es aber auch allen schwer macht, die ihr helfen wollen. Ich erzähle ihr ein bisschen von mir und meiner Arbeit. Ich erzähle ihr, dass ich schon viele Mädchen wie sie getroffen habe und ich ihr vielleicht helfen kann – dass ich es auf jeden Fall versuchen möchte. Dass sie mir vertrauen kann und ich nichts weitersage, wenn sie das möchte. Sie schaut mir in die Augen und ich verbuche das als ersten Erfolg. Wie es scheint, habe ich ein Loch in der Mauer gefunden.

Ich nehme ihre Hand. Da sie die nicht zurückzieht, traue ich mich schließlich, sie zu fragen: „Kannst du mir erzählen, was wirklich passiert ist?"

Und mit einem Mal brechen die Tränen aus ihr hervor. Sie weint mit dem ganzen Körper. Sie schluchzt und wimmert in einer Heftigkeit, wie ich sie noch nie bei einem Menschen gesehen habe. Das Wasser läuft ihr die Arme herunter, der Rücken bebt. Es scheint, als wäre ein poröser Damm, hinter dem sich schon lange das Wasser gesammelt hatte, mit einem Mal gebrochen. Ich nehme sie in die Arme, streiche ihr über das Haar, versuche, sie zu beruhigen. Doch sie weint, bis sie nicht mehr atmen kann. Dann, irgendwann, kommt sie zur Ruhe. Sie hat keine Tränen mehr. Und Miryam erzählt:

„Sie waren zu dritt. Jeden Tag sind sie gekommen und über mich hergefallen. Einer nach dem anderen. Neunzehn Tage lang."

Dann steht sie auf und zieht sich die Hose herunter.

„Schwester, schauen Sie selbst", sagt sie und setzt sich nackt auf die Bettkante.

Ich wende mich ab. Es ist das erste Mal, dass sich ein Mädchen vor mir auszieht. Ich bin mit der Situation komplett überfordert und sage nur: „Du musst mir das nicht zeigen. Ich glaube dir auch so."

Doch Miryam besteht darauf, dass ich hinschaue. Sie will, dass es jemand sieht, dass sie ihr Geheimnis endlich mit jemandem teilen kann.

„Schauen Sie", sagt sie leise, „nach zwei Jahren ist der Damm immer noch nicht zusammengekommen. Schauen Sie genau hin! Schauen Sie sich an, was die mit mir gemacht haben!"

Ich merke, wie wichtig es für das Mädchen ist und betrachte die Wunde. Die Tränen laufen mir über das

Gesicht, Tränen des Schmerzes und der Wut. Es war also nicht nur das Trauma aus den Vergewaltigungen, das das Mädchen ans Bett gefesselt hatte. Es waren auch die physischen Verletzungen, die sie bis heute behindern, die bis heute schmerzen und die sie bis heute bei jedem Schritt, bei jeder Bewegung an die schrecklichen Ereignisse erinnern.

„Aber bitte erzähle meiner Mutter nichts davon!", bittet mich Miryam zum Schluss. Ich verspreche es ihr.

„Aber warum erzählst du es nicht deinen Eltern? Sie könnten dir helfen und einen Arzt besorgen?"

„Ich kann nicht."

Ich bleibe insgesamt eineinhalb Stunden bei ihr, hörte zu, tröstete sie, leihe ihr meine Schulter zum Weinen. Dann gebe ich der Familie Geld für ihren Unterhalt. Mehr kann ich im Moment nicht für Miryam tun. Sie braucht eine Therapie, sie braucht einen Gynäkologen, sie braucht Eltern, die wissen, was mit ihrem Kind los ist. Doch ich halte mein Versprechen und missbrauche das Vertrauen, das Miryam mir geschenkt hat, nicht. Denn nur dadurch hat sie es überhaupt geschafft, ihr Schweigen zu brechen. Es ist ein erster Schritt. Immerhin.

Ich laufe durch Kadıköy und versuche, mich zu beruhigen. Eine große Wut und Traurigkeit haben mich erfasst. Wo sind meine Kraft und meine Stärke? Es scheint, als wären sie auf der Strecke geblieben – irgendwo auf meinem Weg von Lea zu Miryam und hierher. Vielleicht hilft etwas frische Luft, den Kopf wieder freizubekommen, die Gedanken zu ordnen, neue Energien zu tanken. Und so laufe ich durch den Stadtteil, der früher einmal Chalcedon hieß und Schauplatz eines kirchengeschichtlich bahnbrechenden Ereignisses war, dem Konzil von Chalcedon im Jahr 451. Ich versuche, mir vorzustellen, wie das damals wohl war, vor über 1500 Jahren, und merke, wie mich die Überlegungen ein wenig ablenken, wie sich mein Puls wieder normalisiert und ich etwas zur Ruhe komme. Ein ökumenisches Konzil, so erinnere ich mich, in den Geschichtsbüchern gelesen zu haben, wurde damals immer dann einberufen, wenn ein größeres Glaubensproblem aufgetreten war. Seine Autorität lag weit über der aller Bischöfe und Erzbischöfe der vier großen Bischofssitze – Rom, Konstantinopel, Alexandrien und Antiochien –, die Patriarchen eingeschlossen; es war das höchste Organ der ganzen Kirche. Daher war auch immer die Mehrzahl der eingeladenen Bischöfe anwesend, keiner blieb ohne einen triftigen Grund der Versammlung fern – so war die Weltkirche voll repräsentiert. Beim vierten ökumenischen Konzil von Chalcedon im Jahr 451 nun hatte man Christus als wahren Gott und wahren Menschen in zwei Naturen bekannt – eine Aussage, welcher die Syrer nicht folgen konnten: Durch die Betonung von „zwei Naturen" sahen sie die Einheit der Person Christi verletzt. Gemeinsam mit den Kopten Ägyptens betonten sie vielmehr die wahre Gottheit und die wahre Menschheit Christi in nur einer Natur. Dieser Dissens war nicht zu lösen. Als dann auch noch der Kaiser verlangte, dass der Stuhl Petri von Antiochien nach Konstantinopel überführt würde, waren die Lager vollends entzweit. Es kam zur Kirchenspaltung. Die Bistümer von Rom und Konstantinopel wurden eine Gruppe, trennten sich aber im 11. Jahrhundert voneinander. Die Bistümer von Antiochien und Alexandrien bildeten die andere – und blieben im Glauben bis heute vereint, wenngleich jedes von ihnen seine eigene Führung und absolute Unabhängigkeit hat. So bildete etwa die Syrisch-Orthodoxe Kirche eine eigene Hierarchie mit einem eigenen Patriarchen, Jakob Baradäus. Jetzt, über 1500 Jahre nach dem Konzil, hat der Papst bei seinem Besuch im November 2006 zur Wiederherstellung der Einheit beider Kirchen aufgerufen. Die Trennung zwischen den Christen bezeichnete er als „Skandal für die Welt und ein Hindernis für die Verkündigung des Evangeliums". Orthodoxe und Katholiken sollten von dem „glühenden Wunsch" beseelt sein, die Eucharistie gemeinsam zu feiern.

Doch so sehr mich Kirchengeschichte und Kirchenpolitik sonst auch interessieren: Meine Gedanken verweilen hier nicht allzu lange, sondern sind schnell wieder bei den Flüchtlingen. Ich bin daher sofort alarmiert, als ich plötzlich – während ich eine dieser steil ansteigenden Straßen hochlaufe, die den Spaziergänger, oder besser: dessen Beinmuskeln, schmerzlich daran erinnern, dass Konstantinopel einst auf sieben Hügeln erbaut wurde –, eine Stimme aus einem Kellerfenster vernehme. Es ist die Stimme eines Mädchens; es spricht Arabisch. Ich bleibe stehen und frage leise: „Seid ihr aus dem Irak?"

„Ja", antwortete die Stimme aus dem Keller.

„Seid ihr Christen?"

„Ja."

„Darf ich reinkommen?"

Ich muss nicht viel erklären. Sie können an meinen Kleidern sehen, dass ich eine Ordensschwester bin und von mir keine Gefahr ausgeht. Mir wird die Tür geöffnet, und ich betrete eine dieser typischen Kellerwohnungen, in denen es dunkel ist und nach Kanalisation müffelt. Erst sehe ich nur zwei Personen, ein dreizehnjähriges Mädchen und die Mutter. Dann entdecke ich eine alte Frau, im Bett liegend, sie scheint sehr krank zu sein.

Ich stelle meine Routinefragen: Wo sie herkommen, seit wann sie hier sind und was dazu geführt hat, dass sie aus dem Irak flüchten mussten.

Mit Morddrohungen habe es angefangen, erzählt die Mutter. Man habe sie zunächst nicht ernst genommen. Bis der Mann schließlich erschossen wurde, auf offener Straße. Er war auf dem Weg zur Arbeit. Nach dem Mord wurde auch der Frau gedroht, sie oder ihre beiden Töchter umzubringen, deshalb seien sie geflohen.

„Du hast also zwei Töchter", frage ich, „wo ist die andere?"

„Sie arbeitet als Putzfrau", antwortete die Mutter.

Die Art, wie sie das sagt, wie sie mich daraufhin kurz anschaut und dann schnell zu Boden blickt, all das macht mich hellhörig.

„Wo arbeitet sie?", hake ich nach, „Was bekommt sie dafür?"

Die Frau nestelt an einem Taschentuch, das sie schon die ganze Zeit über in den Händen hält. Sie hat es mit kaltem Wasser befeuchtet und sich auf die Stirn gelegt, bevor ich kam, da sie Kopfschmerzen hat. Doch jetzt sehe ich, wie Tränen auf das ohnehin schon nasse Tuch tropften.

„Ich kann es vielleicht vor dir verbergen", sagt sie, „aber vor Gott kann ich nicht verstecken, was da passiert."

Sie holt tief Luft, schaut mir aus ihren aufgequollenen Augen fest ins Gesicht, dann sagt sie:

„Ich schicke meine fünfzehnjährige Tochter, sich zu verkaufen. Damit wir etwas zu essen haben. Sie verkauft ihren Körper für unser täglich Brot."

Es ist nicht das erste Mal, dass ich eine Familie treffe, die sich nicht anders zu helfen weiß. Aber bisher waren es die Mütter, die sich hergaben, die selbst entschieden, dass dies notwendig sei. Hier jedoch schickt eine Mutter ihre Tochter regelmäßig zu einem reichen Mann, einem Muslim, der für Geld mit ihr schläft. Ich bin zutiefst betroffen. Aber ich versuche, mir meine Bestürzung nicht anmerken zu lassen. Ich will der Mutter nicht das Gefühl vermitteln, dass sie sich schämen muss für ihre Tat, zu der sie doch nur bitterste Not gezwungen hat.

„Hör zu", sage ich zu der Frau, „ich verstehe deine Situation und verurteile dich nicht. Ich möchte dir helfen. Ich gebe dir so viel Geld, dass es für euch zum Leben reicht. Du musst mir dafür versprechen, dass du deine Tochter nicht mehr zu dem Mann schickst."

Die Frau fällt vor mir auf die Knie und will meine Füße küssen vor Dankbarkeit. Diese Geste ist mir peinlich, ich ziehe sie hoch und zähle ihr das Bargeld in die Hand.

„Das ist nicht mein Geld, du musst nicht mir dafür danken, sondern den vielen Menschen in Europa und der Welt, die für meine Stiftung spenden."

Für fünf Monate müsste das Bargeld für Miete und Lebensmittel reichen. Dann werde ich wiederkommen.

Syrien

Als ich Ende Oktober 2007 wieder nach Istanbul kam, lag ein hartes Stück Arbeit hinter mir. Ich war viel gereist. Zum einen, um auf das Leid der Flüchtlinge aufmerksam zu machen und Spenden zu sammeln. Und zum anderen, um die Flüchtlinge in den Nachbarländern des Irak zu besuchen und ihnen zu helfen.

Kurz nach meinem Istanbul-Besuch war ich denn auch in Syrien. Syrien hat die meisten Flüchtlinge aus dem Irak. Etwa 1,5 Millionen kamen in das Land, die meisten von ihnen zunächst ohne größere Probleme: Bis Ende 2006 erhielten alle Iraker an der Grenze einen Stempel in den Pass, der zu einem dreimonatigen Aufenthalt berechtigte. Danach konnte die Genehmigung um weitere drei Monate verlängert werden. Die leichten Einreisebestimmungen sind wohl auf die Ideologie des Panarabismus zurückzuführen, die das Regime um Baschar Hafiz al-Assad verfolgt und nach der Angehörige anderer arabischer Nationalitäten als Brüder anzusehen sind. Doch die Bruderliebe gerät schnell an ihre Grenzen – wenn sich im ganzen Land aufgrund der Einwandererströme die Mieten verdoppeln, die Preise explodieren, der Arbeitsmarkt überfüllt ist, die Strom- und Wasserversorgung ständig zusammenbricht und sich die Klassenstärke aufgrund der irakischen Kinder, welche die syrischen Schulen kostenfrei besuchen dürften, verdreifacht. Laut syrischem Innenministerium stieg allein im Juni 2007 der Brotkonsum im Land um 35 Prozent, der Stromverbrauch um 21,5 Prozent, der Verbrauch von Benzin und Erdgas um zwölf Prozent. Da die Preise für Lebensmittel Treibstoff, Strom und Medizin staatlich subventioniert sind, belasten die irakischen Flüchtlinge den Staatshaushalt unmittelbar. Und das immer mehr: Täglich kommen 2400 Iraker über die Grenze. Bald schon stellten die rund 1,5 Millionen Flüchtlinge sieben Prozent der syrischen Bevölkerung – und das Land samt seiner Gastfreundschaft vor größte Herausforderungen. Wo bislang verschiedene Konfessionen so friedlich zusammenlebten wie in kaum einem anderen Land im Orient – so durften etwa die Christen ungehindert Kirchen bauen, jeden Beruf ergreifen und mussten nicht dem syrischen Familienrecht folgen, das auf der Scharia beruht –, kam es zu Spannungen und Aggressionen, traten die Unterschiede mehr als das Gemeinsame zutage, schien die mühsam aufrechterhaltene Stabilität bedroht. Es war nur eine Frage der Zeit, bis die Syrer die Notbremse ziehen würden.

Schon Anfang 2005 sperrte man den Irakern den kostenlosen Zugang zur medizinischen Versorgung, weil das Gesundheitssystem zu kollabieren drohte. Zu Beginn des Jahres 2007 wurde dann die Frist der Visa von drei Monaten auf einen Monat verkürzt. Nach maximal zweimaliger Verlängerung in einem der Büros der syrischen Einwanderungsbehörde waren die irakischen Flüchtlinge gezwungen, das Land zu verlassen, nur um – für die Verlängerung der Aufenthaltsgenehmigung – praktisch am selben Tag neu nach Syrien einzureisen. Ab September 2007 wurden die Einreisebestimmungen schließlich kolossal verschärft: Nur noch Iraker mit einem Visum für Zwecke der Ausbildung, der wissenschaftlichen Arbeit oder für geschäftliche Tätigkeiten dürfen nach Syrien einreisen. Das Visum muss übrigens bei der syrischen Botschaft in Bagdad beantragt werden, was allein schon aufgrund der Gewalt in den Straßen der irakischen Hauptstadt eine tödliche Herausforderung darstellt.

Und wie in Jordanien und der Türkei ist die Situation der Flüchtlinge auch in Syrien katastrophal. Sie kämpfen ums Überleben – und gegen die Erinnerung an die schrecklichen Ereignisse, die sie zwangen, das Land zu verlassen. Im Juni 2007 war ein Bericht der Gesellschaft für bedrohte Völker erschienen. Er trägt den Titel „Die größte Christenverfolgung der Gegenwart. Exodus der Assyro-Chaldäer aus dem Irak" und analysiert die Verbrechen, die an den Christen im Irak begangen werden – und wie sich die Gewalt im Laufe der letzten Jahre verändert hat.

„Während kurz nach der Invasion der US-Amerikaner und ihrer Verbündeten lediglich vereinzelt über Körperverletzungen berichtet wurde, hat sich die Zahl der gemeldeten Übergriffe auf Christen mittlerweile vervielfacht", heißt es da. „Die Anzahl der Entführungen von Christen hat sich 2006 mehr als verdreifacht. In einigen Fällen stehen aber weniger Lösegeldforderungen im Vordergrund als vielmehr Hass gegen Andersgläubige, wenn beispielsweise Entführte bereits nach Tagen oder auch schon nach Stunden ermordet aufgefunden werden, ohne dass es überhaupt Lösegeldforderungen gab." Im Jahr 2007 bewege sich die Zahl der Körperverletzungen an der christlichen Bevölkerung im Irak auf ähnlich erschreckendem Niveau wie im Jahr 2006. Und während bis 2006 vorwiegend Einzelpersonen ins Visier der Terroristen gerieten, stießen diese nun Drohungen gegen ganze Familien und Gemeinden aus. „Mittlerweile ist für die christliche Bevölkerung im Irak nahezu jeder Bereich des täglichen Lebens mit Angst besetzt", schreiben die Verfasser des Berichts. So würden etwa immer wieder christliche Studentinnen ausdrücklich dazu aufgefordert, sich zu verschleiern, da sie andernfalls mit Säure verletzt oder getötet werden würden. Auch männliche Christen werden mit Briefen, E-Mails und mit Hetz-Graffitis an Hauswänden eingeschüchtert oder persönlich bedroht. So heißt es beispielsweise, wenn sie sich nicht den Bart nach islamischer Tradition wachsen ließen oder zum Islam übertreten würden, müssten sie nach der Scharia mit ernsten Konsequenzen rechnen.

Soweit der allgemein gehaltene Bericht, der nur bedingt vermitteln kann, welches Leid die Christen im Irak tatsächlich erfahren. Konkreter wird es in den Erzählungen der Flüchtlinge. Ich habe Hunderte Geschichten in meinem Herzen, auch in Syrien sind viele hinzugekommen. Jede könnte ein ganzes Buch füllen. Nur drei möchte ich hier kurz erwähnen, die mich zutiefst erschüttert haben.

Helane und ihr Mann lebten ein normales und glückliches Leben in Bagdad. Sie hatten zwei Töchter, zwei und vier Jahre alt, und das dritte Kind war schon unterwegs: Helane war im siebten Monat schwanger. Eines Tages bekam die junge Familie Morddrohungen. Um 17 Uhr kam die SMS mit dem Ultimatum: „Entweder, ihr haut ab, oder wir bringen euch um!" Helane und ihr Mann haben diese Nachricht nicht ernst genommen, sondern einfach gelöscht. Welch fataler Fehler: Am nächsten Tag, um 13 Uhr, hielten zwei Autos vor der Tür. Kurz darauf stürmten neun Personen, mit Kalaschnikows bewaffnet, das Haus. Sie zerrten den Mann an eine Wand, hielten ihm die Waffe an die Schläfe und ließen ihn zusehen, wie seine Frau von sieben Männern vergewaltigt wurde. Als die Kerle damit fertig waren, töteten sie den Mann vor Helanes Augen, sie schlachteten ihn ab wie ein Schaf. Die beiden kleinen Kinder, die die ganze Zeit über im Raum gewesen waren, standen im Blut ihres Vaters. Schließlich legten die Männer Helane auf den Bauch und sprangen auf ihren Rücken. Sie wollten auf diese Weise das Ungeborene töten. Offensichtlich fühlen sich die Fanatiker sogar von den wehrlosesten Geschöpfen bedroht. Irgendwann ließen sie von ihr ab und verschwanden. Als die Männer das Haus verlassen hatten, kamen die Nachbarn herbeigeeilt. Sie dachten erst, beide Eltern seien tot, und nahmen die Kinder, die zitternd und schreiend im Raum standen, beiseite. Doch dann bemerkten sie, dass Helane noch atmete. Schnell trugen sie sie zu einem Wagen und brachten sie ins Krankenhaus. Helane kam durch, das Kind in ihrem Bauch jedoch nicht. Jetzt lebt sie mit ihren beiden stark traumatisierten Mädchen, die die Ereignisse dieser schrecklichen Nacht noch lange nicht überwunden haben und sie wohl vermutlich auch nie überwinden werden, in einem Loch in Damaskus und kämpft schon wieder ums Überleben.

Janet war fünfzehn, als sie entführt wurde. Dreizehn Tage lang befand sie sich in der Gewalt von sieben brutalen Männern, die sie täglich vergewaltigten. 52 000 Dollar Lösegeld forderten sie von Janets Eltern. Doch so viel konnten diese nicht auftreiben. Nur 19 000 Dollar konnten sie den Entführern am vereinbarten Treffpunkt überreichen. Daraufhin zerschnitt einer der Männer das Gesicht des Mädchens mit einem Schwert. Die Eltern fuhren sofort mit ihrer Tochter in ein Krankenhaus, die Ärzte gaben ihr Bestes. Doch Janet ist für immer entstellt. Und schlimmer noch: Mit jedem Blick in den Spiegel wird sie daran erinnert, was die Verbrecher ihr angetan haben.

In Syrien lernte ich auch Aniz kennen. Sie ist heute sieben Jahre alt und spricht kein einziges Wort. Als sie fünfeinhalb Jahre jung war, wurde das Mädchen entführt und war sieben Tage lang in der Gewalt von Fundamentalisten. 9000 Dollar forderten sie von den Eltern, die daraufhin ihre ganze Habe verkauften, ihr Auto, ihren Schmuck, alle Wertsachen. Bei der Übergabe war Aniz nackt, der Genitalbereich zerschnitten. Bis heute ist das Mädchen schwer traumatisiert, kein Wort kam seither über ihre Lippen. Nur Laute gibt sie von sich, befremdliche Laute, die kaum klingen, als kämen sie von einem menschlichen Wesen. Es scheint, als habe sie sich von den Menschen distanziert, nach all dem, was diese ihr angetan haben.

Ich habe bis heute keinen Weg gefunden, mit Schicksalen wie diesen zurechtzukommen. Insgesamt bin ich über zweihundert Mädchen begegnet, die in ihrer Heimat vergewaltigt worden sind, viele von ihnen waren noch nicht einmal in der Pubertät, so wie Aniz. All diese Mädchen sind meine Schwestern. Was man ihnen angetan hat, hat man auch mir angetan. Ihr Leid ist mein Leid. Doch es ist zu viel. Vor lauter Schmerz spüre ich mich kaum noch. Wenn ich bei den Opfern bin, sie in den Arm nehme und tröste, habe ich manchmal den Eindruck, als sei ich zu einer Maschine geworden. Eine Maschine, die funktioniert, ohne zu fühlen. Die nicht weint und nicht jammert. Doch wenn ich von den Mädchen weggehe, holen mich die Emotionen ein. Dann fließen die Tränen, dann kocht die Wut, dann erfasst eine große Hilf- und Mutlosigkeit jede Faser meines Körpers. Und dann wünsche auch ich mir jemanden, der mich auffängt und in die Arme nimmt. Doch wem kann ich es zumuten, mein Leid mit mir zu teilen, außer Gott? Ich danke Gott dafür, dass er mir Stärke gibt und dass er mich vorbereitet hat auf diese Aufgabe, indem er früh mein Interesse für Psychologie geschärft hat. Und dass er mir die Fähigkeit gegeben hat, selbst wieder zu Kräften zu kommen und meine schwachen Momente zu überwinden.

Am besten gelingt mir das durch Taten, durch praktische Arbeit, von der ich weiß, dass ich sie im Griff habe und dass sie dringend gebraucht wird. So habe ich, wie auch schon bei meinem Istanbul-Besuch in der Türkei, in Damaskus gleich ein Team aus Helfern gegründet. Alle meine Helfer sind gebürtige Iraker und arbeiten ehrenamtlich und überkonfessionell zusammen. Und alle haben ihre eigene, schreckliche Geschichte und dadurch einen besonderen Zugang und Blick auf die Bedürfnisse und das Leid ihrer Landsleute.

David zum Beispiel. Im Irak wurde er Opfer einer Entführung. Tagelang war er in der Gewalt der Kidnapper, die ihn schlugen, beschimpften und jeden Abend auf seinen nackten Körper urinierten. „Du bist zu nichts zu gebrauchen, nur als Toilette", hatten die Männer gesagt und ihm die Stiefelspitzen in die Seite gerammt. Heute erklärt er, dass er die Schmerzen vergessen konnte, die Schläge, die Tritte, all das. Nur die Entwürdigung nicht. David ist ein guter Freund geworden, in Damaskus wurde er zu meiner rechten Hand und zu meinem Begleiter. Wenn ich die Opfer besuchte und die Gespräche dokumentieren wollte, damit die Welt vom harten Los der Flüchtlinge erfährt, war er es, der die Kamera hielt.

Inzwischen habe ich allein in Syrien vier Teams und je eines in der Türkei, im Libanon und in Jordanien. Meine Teams kümmern sich vor Ort um die Versorgung der Flüchtlinge, wenn ich nicht im Land bin, und bereiten meine Besuche vor. Mein Team kauft Lebensmittel und notwendige Dinge für den täglichen Bedarf und stellt Monatsrationen für die Familien zusammen, die wir dann gemeinsam verteilen: manchmal in Kirchen oder Vereinsräumen, manchmal auch direkt vom Laster, mit dem wir in die Viertel fahren, in denen die Christen hauptsächlich untergekommen sind. Mein Team stellt mir auch oft Listen zusammen mit den Namen neu angekommener und besonders bedürftiger Flüchtlinge, die ich dann auf meinen kurzen Besuchen aufsuche und unterstütze. Dank der Vorarbeit meiner Teams kann ich in jedem Land sehr gezielt, sehr schnell und sehr effektiv helfen. Inzwischen kann ich rund 6000 Familien in den Nachbarländern des Irak mit meinen Teams unterstützen.

Nach meinem ersten Besuch bei den Istanbuler Flüchtlingen habe ich einen Schwerpunkt meiner Arbeit darauf gelegt, Prostitution von Flüchtlingsmädchen zu vermeiden – indem ich Familien, deren Not so groß ist, dass sie ihre Töchter auf den Strich schicken, gezielt unterstütze, und Familien, die kurz davor sind, diesen Schritt zu tun, durch finanzielle Zuwendung davor bewahre.

Wie die Familie von Sara. Sara war fünfzehn, als ihr Vater – knapp hundert Meter von ihrem Haus entfernt – erschossen wurde. Nachdem die Mörder auch noch gedroht hatten, den Rest der Familie zu töten, verließ die Mutter mit ihren beiden Kindern das Land: mit Tochter Sara und dem neunjährigen Sohn Yulios. Im Irak, so erzählten sie mir, hatte der Vater ein Elektrogeschäft, der Familie ging es gut. Als ich Sara und ihre Familie in Damaskus traf, vegetierten sie schon seit über einem Jahr in völliger Armut dahin und kämpften ums Überleben. Da der Mann in der Familie fehlte, der vielleicht illegal auf dem Schwarzmarkt mit etwas Glück hätte Geld verdienen können, war es tatsächlich eine Option für die Hinterbliebenen, die Tochter auf den Strich zu schicken. Es wäre ein Leichtes gewesen. An den Rändern der Stadt schießen – wie überall in den Nachbarländern des Irak – zahlreiche neue Bordelle wie Pilze aus dem Boden. Fast ausschließlich junge Irakerinnen arbeiten dort. Nachtclubs heißen die Etablissements verharmlosend. Ihre Blüte hat schon zu einem Anstieg des Sex-Tourismus geführt. Auf den Parkplätzen dieser Nachtclubs sieht man nun immer mehr Fahrzeuge aus dem nur etwa sechs Autostunden entfernten Saudi-Arabien.

Doch trotz der großen Not und des Elends, in dem Sara mit ihrer Mutter und dem kleinen Bruder lebte, war die Familie zu diesem fatalen Schritt, der Prostitution der Tochter, nicht bereit. Noch nicht. Vielleicht gerade rechtzeitig bot ich ihnen an, sie zu unterstützen – unter der Bedingung, dass sich Sara nicht verkaufen würde. Ich würde alle vier Monate kommen und ihnen ausreichend Geld für die kommenden vier Monate dalassen, erklärte ich der Familie. Ich weiß noch, wie Sara mich anschaute. Es lag etwas Unschuldiges in ihrem Blick, trotz allem, was sie durchgemacht hatte. Und dieses Unschuldige wollte ich bewahren. Sie hatte schon so viel mitmachen müssen. Zumindest diese eine schreckliche Erfahrung wollte ich ihr ersparen.

Das Schreckliche an der Prostitution ist nicht nur der entwürdigende Akt des Verkaufens des eigenen Körpers. Nicht selten bekommen die jungen Christinnen unter den Prostituierten auch noch den ganzen Hass der Muslime auf die „Ungläubigen" schmerzlich zu spüren. In manchen muslimischen Ländern gelten Christinnen nämlich als Freiwild. Es gehört zur Ehre der Muslime, sich nicht an muslimischen Frauen zu vergehen. Umso brutaler wird mit Christinnen verfahren, an denen man sich nun so richtig austoben kann – dient dies doch auch dazu, deren Ehre zu verletzen. Als ich mich in Istanbul auf den Weg zu der Familie von Doris mache, der ich bei meiner letzten Reise ausreichend Geld dagelassen hatte, damit Doris sich nicht mehr verkaufen musste, ahne ich nicht, dass ich gleich mit eigenen Augen erfahren sollte, zu welchen Misshandlungen muslimische Freier den Christinnen gegenüber fähig sind.

Ich finde die Kellerwohnung schnell wieder, und während ich die kleine, schmale Treppe heruntersteige hoffe ich, dass diesmal auch Doris, die ich beim letzten Mal nicht antreffen konnte, da ist. Und tatsächlich: Als ich die

Wohnung betrete, befindet sich dort neben der Mutter, die mich freudestrahlend begrüßt, ein Mädchen im Raum, das ich noch nicht kannte. Ich stelle mich ihr kurz vor und sage:

„Schön, dass du zu Hause bist und ich dich kennenlernen kann! Dann gehst du also nicht mehr dahin?"

Die junge Frau ist etwas verunsichert. Doch langsam begreift sie, wen sie vor sich hat. Kurz schaut sie ihre Mutter an, die ihr aufmunternd zunickt, dann mich, und auf einmal fängt sie an zu weinen. Sie wirft sich auf den Boden und möchte meine Füße küssen.

„Schwester, du hast mich aus der Hölle befreit!", ruft sie unter Schluchzen. Ich hebe sie hoch und nehme sie in die Arme. Sie klammert sich an mir fest und weint, ich spüre ihre Tränen in meinem Nacken. Doch plötzlich reißt sich das Mädchen wieder los, starrt mich aus wütend funkelnden Augen an und zeigt mit zitterndem Arm auf ihre Mutter:

„Aber die da, die hat mich geschickt! Die hat mich gezwungen, mit dem Mann mitzugehen!"

Sie stößt die Worte mit zusammengebissenen Zähnen hervor. Die Tränen der Dankbarkeit und Erleichterung scheinen sich in Tränen des Zorns gewandelt zu haben:

„Nicht genug, dass Vater von einem Muslim getötet wurde. Du hast mich auch noch gezwungen, mich von einem Muslim missbrauchen zu lassen!"

Doris steht jetzt vor ihrer Mutter und hat die Hand erhoben, als wolle sie jeden Moment zuschlagen. Ich gehe dazwischen und halte die Tochter mit beiden Armen fest. Ich versuche, sie zu beruhigen. Doch vergebens. Erneut stößt sie mich von sich.

„Hier, schau dir an, was meine Mutter zugelassen hat", sie reißt sich den Rock über den Kopf und steht auf einmal nackt vor uns. Es geht so schnell, dass ich den Blick nicht abwenden kann. Doch als ich ihren geschundenen Körper sehe, ist es mir auch nicht mehr möglich, ich erstarre vor Schreck. Die ganze Haut – vom Hals bis zu den Knöcheln – ist von Brandmalen übersät. Der Kerl hatte auf jedem Zentimeter ihres Körpers seine Zigaretten ausgedrückt. Nur die Brüste hatte er ausgelassen.

Die Begegnung mit Doris erschütterte mich zutiefst. Ich hatte dieses Mädchen zwar, wie es sagte, aus der Hölle gerettet. Aber war es nicht zu spät? Würde sie jemals wieder glücklich werden, nach all dem, was man ihr angetan hatte? Und wie viele Mädchen gibt es, die ich nicht retten kann, weil sie unsichtbar unter den Brücken Istanbuls hausen, die nicht den Weg zu Menschen finden, die ihnen helfen können? Und für wie viele Mädchen kommt auch wie im Fall Doris die Hilfe reichlich spät? Doch meine Zweifel und Traurigkeit nutzten nichts, ich musste weitermachen, wenigstens denen helfen, denen ich helfen konnte.

Also verteilte ich in Istanbul in den nächsten Tagen mit Hilfe meines Teams und der Unterstützung Pater François' insgesamt eine Tonne Kleidung an die Flüchtlinge und insgesamt rund 14 300 Euro Bargeld an einzelne besonders bedürftige Familien. Von Istanbul reiste ich sofort nach Jordanien weiter, wo mir mein Team eine Liste mit achtzig Flüchtlingsfamilien gab, welche erst vor Kurzem in Jordanien angekommen und völlig mittellos waren. Jeder dieser Familien gab ich zweihundert Euro. Zudem verteilten wir wieder Lebensmittel, Kleidung und Medizin. Danach reiste ich nach Indien und widmete mich in den folgenden Monaten, wie jedes

Jahr, meinen Projekten dort. Nach meiner Rückkehr kümmerte ich mich wieder um die verfolgten Christen aus dem Irak. Von Mai bis Mitte August 2008 konnte ich insgesamt 3062 christlichen Flüchtlingsfamilien durch meine Arbeit helfen. In Syrien unterstütze ich auch – ähnlich wie schon in Indien – ein Institut, in dem die irakischen Christen kostenlos an Computerkursen teilnehmen können, um somit ihrem tristen Alltag entfliehen und ihre berufliche Situation erheblich verbessern zu können. Ich hatte mir inzwischen eine Route zurechtgelegt, die ich alle paar Monate absolvierte: Sie führte über Istanbul und meine Heimat im Süden der Türkei nach Syrien, dann nach Jordanien, in den Libanon und manchmal ging es auch gleich noch nach Saudi-Arabien, wo meine Stiftung ebenfalls ein Büro hat. Wenn ich nicht vor Ort war, reiste ich durch Europa und machte in Vorträgen und auf Veranstaltungen auf das Leid der Christen im Irak aufmerksam und sammelte Spendengelder.

Doch was ich auch tue, ich kann den Flüchtlingen eigentlich nur dabei helfen, gerade einmal über die Runden zu kommen. Das einzige, was ihnen wirklich helfen würde, wäre ein dauerhafter, stabiler Frieden in ihrem Heimatland. Da ein solcher Frieden momentan noch nicht möglich ist, müssen sie aus den Nachbarländern des Irak in christliche Länder Europas oder Nordamerikas ausreisen dürfen, welche ihnen die nötige Sicherheit geben können. Die Politiker dieser Länder müssen endlich verstehen, dass die Flüchtlinge derzeit nicht in islamische Gesellschaften integrierbar sind, da die politische Ideologie der Machthaber dort das genaue Gegenteil propagiert, sei es nun durch Worte oder durch Taten.

Ankunft

Vorstoß

Als Paulos Faraj Rahhu, Erzbischof der Chaldäisch-Katholischen Kirche in Mosul, am 29. Februar 2008 nach den Kreuzweggebeten mit seinem Leibwächter die Kirche zum Heiligen Geist in Mosul verließ, tauchten plötzlich bewaffnete Männer auf, erschossen den Leibwächter, einen Diakon und einen Fahrer und nahmen Rahhu mit. Am 13. März fand man die Leiche des entführten Erzbischofs auf einer Müllkippe in der Nähe der Stadt. Am 15. März wurde er in Karamles, einem Dorf bei Mosul, unter der Anteilnahme von mehreren Tausend Menschen, beigesetzt. Mit Rahhu starb der höchste christliche Würdenträger im Irak. Der Erzbischof hatte sich immer für ein friedliches Nebeneinander von Christen und Muslimen im Irak eingesetzt und gegen die Verfolgung und Diskriminierung seiner Glaubensbrüder und -schwestern gekämpft. Der Vertreibung der Christen aus dem Irak musste er ohnmächtig zusehen. Doch er blieb standhaft. Er wollte ausharren, sagte er einmal, und „als letzter von Bord gehen".

Es war nicht zuletzt die Nachricht vom Tod des Erzbischofs, die den Druck auf die deutsche Politik erhöhte. Kirchenvertreter und Vereinigungen wie die Gesellschaft für bedrohte Völker hatten schon lange auf den Exodus im Irak aufmerksam gemacht und die Regierenden zum Handeln aufgerufen. Sie sollten sich, wie es ihnen viele andere Länder bereits vorgemacht hatten, endlich dazu durchringen, christliche Flüchtlinge aus dem Irak unbürokratisch aufzunehmen. Schweden, Großbritannien, Finnland, die Niederlande und Dänemark nahmen bereits an Wiederansiedlungsprogrammen der Vereinten Nationen auch für Iraker teil. Insgesamt hatten schon vierzehn Länder der Erde ihre Bereitschaft erklärt, sich an Programmen, bei denen besonders bedürftige Flüchtlinge von Mitarbeitern des UNHCR ausgewählt würden und diese direkt ausreisen dürften, zu beteiligen. Deutschland hingegen zierte sich. Zwar nahm es monatlich schon mehrere Hundert Iraker auf, allerdings nur über das Asylverfahren. Und in dessen Genuss kamen nur Flüchtlinge, die sich illegal bis nach Deutschland geschleppt, also eine riskante, lebensgefährliche und kostspielige Tour hinter sich gebracht hatten. Etwa sechshundert gelangten angeblich monatlich in die Bundesrepublik. 2007 wurden 5794 Asylanträge von Irakern bewilligt. Wie viele auf der Strecke blieben, etwa in Griechenland aufgegriffen und von dort direkt wieder in den Irak abgeschoben wurden, weiß man nicht. Und wie viele erst gar nicht zu einer solchen Flucht aufbrachen – das mag man sich überhaupt nicht vorstellen: Menschen, die verarmt in ihren Zweitstaaten festsitzen, kaum Geld zum Überleben, geschweige denn für einen Schlepper haben, und die – verschreckt, verletzt und traumatisiert – zu einer abenteuerlichen Tour quer durch Europa gar nicht fähig wären.

In einem Gastkommentar in der Welt am Sonntag vom 13. April 2008 kündigte der damalige Bundesinnenminister Wolfgang Schäuble (CDU) unter der Überschrift „Wir müssen irakische Christen aufnehmen" schließlich an, dass er sich in der kommenden Woche mit seinen Kollegen aus den Innenministerien der Länder und der

Europäischen Union beraten werde, „wie wir als Deutsche und als Europäer verantwortlich in dieser besorgniserregenden Situation der irakischen Flüchtlinge, insbesondere derjenigen christlichen Glaubens unter ihnen, durch eine Aufnahme in Europa helfen können". Schnell sprach man von einer Kontingentlösung, wie sie schon im Fall vietnamesischer boat people in den 1970er-Jahren – damals hatte die Bundesrepublik 26 000 Flüchtlinge aus Indochina aus humanitären Gründen aufgenommen – und zuletzt bei Flüchtlingen aus Bosnien, der früheren jugoslawischen Teilrepublik, angewandt worden war. Die Vorteile gegenüber einem herkömmlichen Asylverfahren: Es kann auch Menschen Zuflucht geboten werden, die noch in ihrem Herkunftsland leben oder, in diesem Fall, in dessen Nachbarländern. Sie müssen sich keinen Schlepperbanden anvertrauen. Im Aufnahmeland müssen sie kein bürokratisches und zum Teil entwürdigendes Asylverfahren durchlaufen. Sie erhalten eine befristete Aufenthaltserlaubnis und haben nach einigen Jahren sehr gute Aussichten auf eine Niederlassungserlaubnis. Sie dürfen arbeiten und, sobald sie ihren Lebensunterhalt selbst bestreiten, wohnen, wo immer sie wollen. Zudem kommen sie in den Genuss besonderer Integrationsmaßnahmen.

Von Anfang an war die Rede davon, vor allem Christen zu retten. Nicht nur Flüchtlinge allgemein. Und genau das machte die Sache schwierig. Denn schließlich waren auch Angehörige anderer Religionen auf der Flucht, hatten auch schiitische oder sunnitische Iraker so Schreckliches erlebt, dass sie gezwungen waren, ihre Heimat zu verlassen. Die Christen stellten gerade mal rund zehn Prozent unter den Millionen Flüchtlingen. Nicht nur die Anhänger der Parteien, die kein C für „christlich"

in ihrem Namen tragen, fragten sich, warum man ausschließlich den christlichen Flüchtlingen Hilfe gewähren
sollte. Auf der Konferenz der EU-Innenminister Mitte
April 2008 wurde das Thema denn auch erst einmal auf
Juni verschoben. Auf einer Delegationsreise der CDU/
CSU-Bundestagsfraktion musste Arnold Vaatz, stellver-
tretender Fraktionsvorsitzender, feststellen, dass die Idee,
aus der Masse der Flüchtlinge aus dem Irak einfach einige
Tausend Christen zu identifizieren und nach Deutschland
auszufliegen, nicht nur politisch, sondern auch rein praktisch nicht so einfach umzusetzen ist. In Damaskus
machten ihm Vertreter des UNHCR unmissverständlich
klar, dass nur der Bedarf und nicht die Religion bestimmen dürfe, wer das Land verlassen darf und wer nicht.
„Diskriminierung ist der Grund, aus dem diese Menschen hier sind", sagte eine Mitarbeiterin des UNO-
Flüchtlingshilfswerks. Sie habe eine Liste mit 11 000
Namen von Menschen und Familien, nach Priorität ge-
ordnet, die dringend ins Ausland gebracht werden sollten. 65 000 seien es insgesamt. Wenn Deutschland darauf
bestehe, nur Christen aufzunehmen, dann müsse die
deutsche Botschaft „eine eigene Registratur" aufmachen.
Doch damit nicht genug: In den Gesprächen vor Ort
tauchte auch noch ein anderes Problem auf: Eine exklu-
sive Aufnahme von Christen, so war zu hören, könnten
auch und gerade die Extremisten in den falschen Hals bekommen. Die „Kreuzzügler" belohnen ihre Vasallen, so
würden sie das auslegen. Und das wiederum könnte die
Gewalt gegenüber den noch im Irak befindlichen Christen weiter verschärfen. Zudem klagten die Vertreter der
Kirchen im Orient, dass es nicht gut sei, wenn die Christen, die seit über 2000 Jahren in diesem Gebiet leben, der
Region für immer den Rücken kehren.

Ideen mussten her, Kompromisse gefunden und Positionen bezogen werden. In der Öffentlichkeit sollte nicht nur von Christen die Rede sein, befanden die Politiker. Dafür sollten die Aufnahmekriterien für die Flüchtlinge, die über ein EU-Programm ausreisen durften, so formuliert werden, dass vorwiegend Christen sie erfüllten. So plädierte Vaatz etwa dafür, das Kriterium der ausgeschlossenen Rückkehr in die Verhandlungen mit dem UNHCR einfließen zu lassen. Denn im Gegensatz zu muslimischen Flüchtlingen wäre es für die Christen vorerst nicht zumutbar, zurückzukehren. Andererseits sollte auch immer wieder betont werden, dass es natürlich oberstes Ziel sei, dass die Flüchtlinge irgendwann einmal wieder in ihre Heimat zurückgehen könnten.

Doch alle Diplomatie nutzte nichts: Auf der Sitzung im Rat der europäischen Justiz- und Innenminister im Juni wurde ein entsprechender Beschluss erneut vertagt. Wieder war es Schäuble nicht gelungen, seine Amtskollegen zu überzeugen. Doch er ließ sich nicht entmutigen, im Gegenteil: Er gab noch einmal richtig Gas. Es schien, als sei die Rettung der Christen eine Herzensangelegenheit für ihn. Ja, man konnte fast den Eindruck gewinnen, er hätte selbst Verwandte unter den Flüchtlingen, so wie er sich für sie stark machte. In einem Interview mit der Frankfurter Allgemeinen Sonntagszeitung kündigte er Mitte Juli 2008 an, Deutschland werde im Frühherbst in der Lage sein, „die ersten Flüchtlinge im Zuge einer europäischen Aktion aufzunehmen". Er werde sich bei der Tagung des EU-Rates Justiz und Inneres am 24. und 25. Juli 2008, in nur wenigen Tagen also, vehement dafür einsetzen.

Doch schon zwei Wochen später sah die Welt ganz anders aus. Zuerst hatte der niedersächsische Innenminister Uwe Schünemann (CDU) in einem Gespräch mit der FAZ die Aufnahme von Flüchtlingen aus dem Irak „auch aus Gründen der inneren Sicherheit" für problematisch erklärt. Im Irak seien Terroristen am Werk, die einen legalen Transfer nach Deutschland dazu nutzen könnten, „ihre Leute bei uns einzuschleusen". Fast hätte ich lachen müssen, als ich davon hörte. Wenn die Gefahr tatsächlich so groß wäre, hätten sich wohl auch Länder wie Schweden, Dänemark und die USA nicht an ähnlichen Aufnahmeprogrammen beteiligt.

Just zwei Tage vor dem wichtigen Treffen der EU-Innen- und Justizminister, die Schäuble endlich auf seine Linie einschwören wollte, kam der irakische Ministerpräsident Nuri al-Maliki zu Besuch nach Deutschland. Das Timing war perfekt: Noch bevor Schäuble seinen Beschlussentwurf zur Aufnahme irakischer Flüchtlinge in die Aktentasche packen und damit nach Brüssel reisen konnte, fing Maliki ihn quasi in letzter Minute ab. Eindringlich bat er ihn, dieses Projekt nicht weiterzuverfolgen. Zum einen, weil sich die Sicherheitslage im Irak inzwischen doch extrem gebessert habe und Flüchtlinge nicht mehr gefährdet seien. Die Zahl der Anschläge sei seit Februar 2007 um achtzig Prozent zurückgegangen, fünfzehn von achtzehn Provinzen seien ruhig. „Al-Qaida ist besiegt", tönte Maliki. Und: „Der Irak von heute ist nicht mehr derselbe wie vor sechs Monaten." Außerdem, so klagte der Ministerpräsident, werde doch immer übertrieben, wenn es um den Irak gehe. Als Beispiel nannte er die Flüchtlingszahlen. Diese hätten nämlich längst wieder abgenommen: „Zehntausende kehren zurück." Wie viele davon zu diesem Schritt quasi gezwungen waren, weil sie sich nicht anders zu helfen wussten und das Warten auf eine Weiterreise in ein sicheres Drittland ebenso leid waren wie den Hunger, die Not und die Perspektivlosigkeit in den Nachbarstaaten, in denen sie schon viel zu lange ausharren mussten, sagte er nicht. Man braucht nicht viel Fantasie, um sich vorzustellen, wie verlockend eine Rückkehr für die verarmten und hoffnungslosen Menschen ist. Die Rückkehr in ein Land, das einmal Heimat war, wo das Leben – vor all den schlimmen Ereignissen – ein besseres war, das zum Sehnsuchtsort wurde, die Bilder davon verklärt, die Gefahr hoffnungslos unterschätzt. Was einige auch zur Rückkehr bewogen haben mag, ist die einmalige Starthilfe von 450 Euro. Ganz umsonst gibt es die zwar nicht: Wer sie bezieht, bekommt eine fünfjährige Ausreisesperre in den Pass gestempelt. Doch wenn die Not am größten ist, nimmt man wohl auch das in Kauf.

Maliki sagte in Berlin, er wolle noch weit mehr Flüchtlinge zu einer freiwilligen Heimkehr bewegen, und er betonte, dass seine Regierung sich um die Sicherheit aller bemühe – unabhängig von Religion oder ethnischer Zugehörigkeit: „Wir sind stolz auf alle. Das ist das Land ihrer Väter und Vorväter." Maliki sagte, es gäbe keine Diskriminierung von Christen. Und dass man bereit sei, die irakischen Christen speziell zu fördern. Beim Wiederaufbau des Landes würden sie daher eine wichtige Rolle spielen. „Wir brauchen diese Iraker", sagte er.

Doch was Maliki wohl noch mehr brauchte, waren Investitionen aus dem Ausland. Auf seiner Reise warb er für den Wirtschaftsstandort Irak, in dem sich nun dank der besseren Sicherheitslage doch wieder ausländische Firmen ansiedeln könnten. In seinem Hotel empfing er rund siebzig deutsche Unternehmensvertreter, die er alle persönlich nach Bagdad einlud. Für die Bundesregierung, die es natürlich immer gerne sieht, wenn die krisengebeutelte deutsche Wirtschaft im Ausland profitiert, klang das äußerst interessant. „Der Irak ist ein rohstoffreiches

Land, Deutschland ist ein Land mit großer technologischer und industrieller Erfahrung", sagte die Bundeskanzlerin Angela Merkel (CDU). Hier könnten beide voneinander profitieren. Wenn man sich die Aussage ein wenig auf der Zunge zergehen lässt, kann man vielleicht eher verstehen, was dann geschah.

Schäuble zog seinen Beschlussentwurf über die Aufnahme irakischer Flüchtlinge zurück. Im Augenblick, so erklärte er, wolle man keine zusätzlichen Übersiedlungsangebote nach Europa unterbreiten. Stattdessen beschlossen die 27 Innen- und Justizminister der Union, zunächst der irakischen Regierung die Möglichkeit einzuräumen, Flüchtlinge zur Rückkehr zu bewegen. Auf der nächsten Sitzung im September wolle man sich dann wieder mit dem Thema befassen. In den zwei Monaten bis dahin solle in Kontakten mit der irakischen Führung herausgefunden werden, was im Sinne des gesamten Landes am besten sei. Außerdem wolle die EU sich selbst ein Bild von den örtlichen Umständen machen, unter anderem durch Auskünfte des UN-Flüchtlingshilfswerks UNHCR.

Ich konnte es nicht fassen: Wie viele Informationen brauchte es denn noch? Glaubte man tatsächlich einem Ministerpräsidenten, dessen Interessen und Absichten so durchschaubar waren wie ein Goldfischglas, mehr als all den Expertisen, Berichten und Warnungen diverser, unabhängig voneinander operierender und auf nichts anderes als das Wohl der Menschen abzielender Organisationen? Ich zumindest glaubte ihm kein Wort. Wenn ihm auf einmal so viel an den christlichen Mitbürgern liegt, dann soll er die 44 Kirchen wieder aufbauen, die Fanatiker geplündert, verwüstet und zerstört haben, ebenso die fast tausend Geschäfte der Christen und ihre Häuser – neunzig Prozent, so wird geschätzt, stehen nicht mehr.

Hat er das geschafft, dann soll er den geschändeten Mädchen ihre Ehre wiedergeben, die Täter ins Gefängnis stecken, den Christen Schutz gewähren und ihnen ihre Lebenswelt wiederherstellen. Und dann, wenn er all das getan hat, dann würde ich ihm glauben. Eher aber nicht.

Übrigens hätte ein kurzer Anruf beim UNHCR genügt, um zu erfahren, dass das UN-Flüchtlingshilfswerk Iraker, die in die Nachbarländer des Nahen Ostens geflohen sind, auf keinen Fall zur Rückkehr ermutigt. Für viele der Flüchtlinge gebe es nach wie vor überhaupt keinen Ort, an den sie zurückkehren könnten, da ihre Häuser ausgebombt oder geplündert wurden. Nach Ansicht der Menschenrechtsorganisation Amnesty International entbehrt die positive Darstellung der Sicherheitslage im Irak durch Maliki auch „jeglicher Grundlage". Besonders für religiöse und ethnische Minderheiten habe sie sich nicht verbessert. Laut Iraq Body Count, dem „Leichenzähler" im Internet, einem Projekt von rund zwanzig Friedensaktivisten um den Psychologieprofessor John Sloboda von der englischen University of Keele und den Londoner Wissenschaftler Hamit Dardagan, bei dem die Daten von fast vierzig journalistischen Quellen aus aller Welt, vom US-TV-Sender ABC über die Deutsche Presse-Agentur, die „Hindustan Times" bis zur „Washington Post", täglich ausgewertet werden, fallen pro Tag 32 Zivilisten Anschlägen zum Opfer. Das sind zwar weniger als in den letzten beiden Jahren. Doch man muss beim Blick auf die Statistik beachten, dass infolge der vorangegangenen ethnischen Säuberungen die Zahl der potenziellen Opfer schon stark zurückgegangen ist. Aber womit ist zu rechnen, wenn die Opfer, also die Flüchtlinge, zurückkommen und ihre Zahl wieder steigt? Und überhaupt: Die humanitäre Situation der irakischen Bevölkerung ist alarmierend. Die Mehrheit hat kein sauberes Trinkwasser, etwa acht Millionen Iraker sind auf Nothilfe für das tägliche Überleben angewiesen, die Stromversorgung ist in weiten Teilen des Landes ständig unterbrochen.

All das sind Fakten und Zahlen, die relativ leicht zu recherchieren sind, sofern man Internet oder Telefon zur Verfügung hat und auch benutzen will. Aber offensichtlich hatten die Minister keine Lust auf Hausaufgaben. Schließlich war ja gerade Sommer, Ferienzeit, und unter der heißen Sonne schmilzt das Leid der anderen schon einmal auf eine unbedeutende Größe zusammen. Als sich die Politiker am 25. September 2008 erneut in Brüssel trafen, wurde die Entscheidung über die Aufnahme von Irak-Flüchtlingen wieder vertagt. Erst Ende November wolle man darüber befinden. Zunächst solle eine Delegation der EU und des Flüchtlingshilfswerks UNHCR Anfang November die Auffanglager in Syrien und Jordanien besuchen und sich über die Lage informieren. Auch ich reiste in dieser Zeit wieder in diese Länder. Doch im Gegensatz zu den Politikern wusste ich schon, dass man für die Flüchtlinge dort unbedingt etwas tun muss. Und ich tat, was ich konnte.

Im Oktober 2008 fuhren Autos mit Megafonen durch Mosul, nach Bagdad die zweitgrößte Stadt im Irak. „Christen von Mosul", hallte es aus den Lautsprechern, „ihr habt drei Möglichkeiten. Entweder ihr werdet Muslime. Oder ihr verlasst die Stadt. Oder wir töten euch!" Dabei handelte es sich um keine leeren Drohungen. Denn kurz darauf wurden ca. zwanzig Menschen ermordet, etliche entführt und drei Häuser ausgebombt. Unter den Christen machte sich Panik breit. Tausende verließen die Stadt. Entlang der Ausfallstraßen richteten die Extremisten falsche Checkpoints ein, um die Flüchtlinge zu stoppen. Im christlichen Stadtteil al-Sadik hielten maskierte Männer einen Mann mit einem Jungen an und verlangten seinen Ausweis. Als sie darin einen christlichen Namen lasen, erschossen sie den Mann auf der Stelle. Und da der Junge bestätigte, dass der Getötete sein Vater sei, erschossen sie auch ihn. Es sei eine gezielte Aktion im Gange, um die Stadt von den Christen zu säubern, sagte der Oberbürgermeister von Mosul gegenüber der Presse: „Offensichtlich gibt es hier Kräfte, die ein fundamentalistisch-islamisches Kalifat errichten wollen." Versuche der US-Truppen, gemeinsam mit den irakischen Sicherheitskräften für Ruhe zu sorgen, schlugen fehl. Die Sicherheitslage habe sich gar verschlechtert, hieß es.

Angesichts der Ereignisse in Mosul hatten christliche Geistliche in Bagdad zu einem Schweigemarsch aufgerufen. Chaldäer, Ostsyrer, Armenier und Griechisch-Orthodoxe gingen gemeinsam mit brennenden Kerzen durch die Stadt und beklagten die Untätigkeit der irakischen Regierung, die nichts zu ihrem Schutze unternehme. In einer Klageschrift, die in allen irakischen Zeitungen abgedruckt wurde – nicht selten sogar gleich auf der ersten Seite –, mahnten sie, die Religionsfreiheit, welche die neue irakische Verfassung von 2005 gewährleiste, werde mit Füßen getreten. Schließlich reagierte denn auch der angeblich so sehr um das Wohl der Christen bemühte Ministerpräsident: Tausend zusätzliche Polizeikräfte schickte er nach Mosul. Doch da waren die meisten Christen, die geschützt werden sollten, schon lange weg.

Mitte November 2008 lag dann der Bericht der von Brüssel nach Syrien und Jordanien geschickten Expertengruppe über die Lage der zwei Millionen irakischen

Flüchtlinge dort vor. Er bestätigte nur, was Hilfsorganisationen und Journalisten schon seit Monaten berichteten: „Die Lage der meisten Flüchtlinge hat sich weiter verschlechtert, weil ihre Ersparnisse aufgebraucht sind und sie keine Arbeitserlaubnis haben." Die Flüchtlinge hätten auf absehbare Zeit keine Chance, in den Irak zurückzukehren, heißt es in dem Bericht. Vor allem kranke und traumatisierte Menschen, Mütter mit Kindern und Angehörige religiöser Minderheiten müssten mit Hilfe der Vereinten Nationen dringend in neue Aufnahmeländer gebracht werden.

Den Innen- und Justizministern der EU fehlten nun die Ausreden. Und so konnten sie sich endlich darauf verständigen, 10 000 Flüchtlinge aus dem Irak aufzunehmen. Vor allem besonders belastete Menschen, die keine Aussicht auf eine Rückkehr haben, sollten in Europa eine neue Heimat finden: religiöse Minderheiten, alleinerziehende Frauen und gesundheitlich schwer Getroffene wie Folteropfer. Die Aufnahme durch die einzelnen Mitgliedstaaten sollte freiwillig erfolgen, wobei man auch berücksichtigen wollte, wie viele Iraker bereits in die jeweiligen Länder gekommen waren. Schweden, die Niederlande und Großbritannien hatten seit Längerem im Rahmen der UNO-Programme irakische Flüchtlinge aufgenommen. Welche anderen EU-Länder nun auf der Grundlage des Beschlusses dazu bereit sein würden, war zunächst nicht ganz klar. Die Zahl 10 000 stellte somit keine Garantie dar, sondern war lediglich ein Versprechen. Aber immerhin.

Und so viel stand fest: Ein Viertel der Flüchtlinge wollte Deutschland übernehmen. Sie sollten unter den Bundesländern aufgeteilt werden, die sich kurz zuvor bereits darauf verständigt hatten, 2500 Iraker aufzunehmen, sofern es dazu einen EU-Beschluss gebe. Bei der Verteilung helfen sollte der sogenannte Königsteiner Schlüssel, der sich an Bevölkerungszahl und Wirtschaftsleistung der Länder orientiert. Auf Nordrhein-Westfalen entfielen so zum Beispiel 540 Flüchtlinge, auf Berlin 124, auf Bayern 400. Mit der Auswahl der Personen sollte sofort begonnen werden. Das Bundesamt für Migration und Flüchtlinge würde das in Zusammenarbeit mit dem UNHCR erledigen. Im Gespräch war eine Aufnahme für zunächst drei Jahre, die verlängert werden kann und langfristig zur Einbürgerung führt. Der EU-Beschluss unter der Federführung von Wolfgang Schäuble war – trotz des langen Hin und Hers, das ihm vorausging – eine Sensation. Organisationen wie Pro Asyl, Amnesty International und das UNHCR hofften, dass er eine Wende in der deutschen Flüchtlingspolitik einläuten würde, nämlich den Einstieg Deutschlands in das Resettlement-Programm der Vereinten Nationen, in dem sich Länder verpflichten, jährlich ein bestimmtes Kontingent von Flüchtlingen dauerhaft aufzunehmen und schnell zu integrieren. Zwar ist die Aufnahme der Iraker für das Bundesinnenministerium bisher eine einmalige Aktion, doch das Verfahren läuft schon genau so wie die Resettlement-Programme ab. Nur weigert man sich bisher, diesen Ausdruck zu gebrauchen, und betont stattdessen ständig, dass ein erklärtes Ziel der Rettungsaktion auch eine Rückkehr der Flüchtlinge in ihr Heimatland sei. Dennoch: Der Beschluss, so interpretierten ihn viele Beobachter, bedeutete eine Veränderung der deutschen Flüchtlingspolitik, ein Abweichen von der bisherigen Linie – eine neue Qualität.

Wenige Stunden nachdem in Damaskus bekanntgeworden war, dass Deutschland ein Viertel der von den EU-Innenministern vereinbarten 10 000 besonders schutzwürdigen

Flüchtlinge aufnehmen würde, kamen mehrere Tausend Iraker zum Büro des Flüchtlingswerkes der Vereinten Nationen und baten um ein Ticket in die Bundesrepublik. Zu diesem Zeitpunkt befand ich mich schon seit Wochen in Indien. Ich wollte bis Ende März dort bleiben, um mich, wie jedes Jahr, um meine Projekte dort vor Ort zu kümmern. Doch daraus sollte nichts werden.

Rückschlag

Ich befand mich gerade auf dem Weg zu der Einweihung eines neuen Brunnens in meiner indischen Wahlheimat Kottayam, als das Handy klingelte. David meldete sich, mein Helfer und Freund aus Damaskus. „Hallo, mein Lieber, wie geht es dir?", fragte ich ihn fröhlich und blinzelte in die Sonne. Ein herrlicher Tag, ich war guter Dinge. Meine Arbeit in Indien nahm einen vielversprechenden Gang, und ein Fest anlässlich eines neuen Brunnens sollte hierfür ein Zeichen setzen. Grund genug, das schöne Wetter zu genießen und sich des Lebens zu erfreuen. Doch nur wenige Augenblicke später sollte alles um mich herum düster und schwarz werden.

David kam gleich zur Sache: „Schwester, du erinnerst dich an Sara?"

Ich musste nicht lange überlegen. Natürlich: Sara, die nette junge Frau mit dem kleinen Bruder, die ich seit nunmehr zwei Jahren durch meine Spenden davor beschütze, dass sie ihren Körper verkaufen musste. Erst bei meiner letzten Reise in die Nachbarländer des Irak hatte ich sie besucht und mich darüber gefreut, dass Sara so fröhlich war. Begeistert hatte sie mir erzählt, dass Freunde von ihr nach Amerika ausreisen durften. Es sei sicher nur noch eine Frage von Wochen, bis auch sie mit ihrer Mutter und ihrem Bruder endlich das Land verlassen dürfe. Sara träumte davon, ihren Schulabschluss zu machen. Ob sie dann vielleicht studieren könne, hatte sie gefragt und mich erwartungsvoll angeschaut. „Natürlich, warum nicht?" Ich freute mich über ihren Ehrgeiz und dankte Gott dafür, dass das Mädchen mit so viel Hoffnung in die Zukunft schaute.

„Sara ist tot!", sagte David.

„Was?"

Mir schwirrte der Kopf, meine Knie wurden weich. Ich suchte etwas, woran ich mich anlehnen konnte und stützte mich schließlich auf einen Baumstumpf.

„David, was genau ist passiert?"

Er erzählte, die Familie sei in den Irak zurückgekehrt. Sie hätten sich nicht anders zu helfen gewusst. In Damaskus konnten sie die Miete nicht mehr bezahlen. Und im Irak, so hieß es doch immer wieder, sei es nicht mehr so schlimm. Auf jeden Fall fiele dort die Miete weg. Das Haus und somit zumindest ein Dach über dem Kopf sei ihnen sicher. Der Rest würde sich finden.

„Ihr Haus stand sogar noch", erzählte David. „Es schien unversehrt, sogar die Tür war noch heil und nicht aufgebrochen. Sara hatte den Schlüssel und ging voran, um das Haus aufzusperren. Doch in dem Moment, als sie den Schlüssel ins Schloss steckte, fiel der erste Schuss. Er traf Sara tödlich. Auch ihr kleiner Bruder wurde von einem Schuss gestreift, überlebte aber. Woher der Schuss kam und wer ihn abgefeuert hat, ist bis heute unklar." Sara war siebzehn, als sie starb.

Mir wurde speiübel und ein schrecklicher Gedanke keimte in mir auf: War ich schuld am Tod dieses Mädchens? Musste die Familie nur deshalb in ihre Heimat zurück, weil ich nicht rechtzeitig gekommen war, um sie mit meiner Spende zu unterstützen, von der sie die Miete und die Lebensmittel bezahlten? Hatte ich durch meine Arbeit in Indien zu lange mit meiner Rückkehr in die Krisenregion gewartet und die Familie schon geglaubt, ich habe sie in Stich gelassen? Hätte ich Saras Tod nicht verhindern können? Schreckliche Schuldgefühle plagten mich.

Noch am selben Tag buchte ich meinen Rückflug um und kehrte vier Wochen früher als geplant nach Deutschland zurück. Kaum gelandet, klapperte ich meine Sponsoren ab, telefonierte mit meinen Mitarbeitern und Gönnern in London und Saudi-Arabien und sammelte so viele Spenden ein, wie in der Kürze der Zeit möglich. Dann begab ich mich wieder auf die altbewährte Route in die Nachbarländer des Irak. In zehn Tagen half ich 1200 christlichen Flüchtlingsfamilien und schlief alles in allem vielleicht gerade mal vier Stunden. Ich besuchte so viele Familien, wie ich nur konnte. Diesmal war die Wiedersehensfreude noch ein wenig größer als bei meinen vorherigen Besuchen. Ich war so glücklich über jede Familie, die am Leben war und der es einigermaßen gut ging.

Besonders freute ich mich über das Wiedersehen mit Hana, der Mutter von Wael, unserem ersten Kontakt zu irakischen Flüchtlingen auf jener Reise nach Jordanien im April 2007. Damals war sie so glücklich über unsere Spende, von der sie ihren Kindern Hosen kaufen wollte. Doch schon bei meinem zweiten Besuch vier Monate später wollte sie kein Geld mehr von mir. Auch wenn sie meine Hilfe nicht mehr benötigt, besuche ich sie immer, wenn ich nach Amman komme. „Schau Schwester, wir kommen gut über die Runden", sagt Hana und führt mich in die kleine Kellerwohnung, in der ich sie auch vor zwei Jahren schon antraf und in der es immer noch so sauber und adrett aussieht wie damals. Sie macht eine ausladende Handbewegung durch den Raum, als wolle sie damit andeuten, dass sie neben der Sauberkeit und Ordnung in ihrer Wohnung auch ihr ganzes Leben im Griff habe. Der Sohn arbeitet nicht mehr im Lebensmittelladen, sondern bei einer christlichen Familie. Hana selbst putzt in einem libanesischen Restaurant. Mit dem Geld können sie sich selbst versorgen. Nur die Mädchen gehen nicht mehr zur Schule. Schon bei meinem ersten Besuch hatte eine der Töchter aufgegeben, weil sie das Versteckspiel in den inoffiziellen Kirchen nicht mehr ertrug. Jetzt sind beide zu Hause. „Ich besorge ihnen die Bücher, die sie für ihr Alter brauchen", erklärt Hana. „Die arbeiten sie dann hier zu Hause durch. Wenn wir irgendwann endlich im Ausland sind, bekommen sie dann leichter Anschluss." Hana strahlt so viel Optimismus aus, den ich ihr auf keinen Fall nehmen möchte. Ich bestärke sie, sage, dass ich für sie beten werde, damit sie bald ausreisen können, und frage nur zu Sicherheit, ob sie tatsächlich keine Spende von mir braucht. Saras Fall hat mich vorsichtig gemacht.

„Nein", versichert Hana und lacht, „wir sind nicht mehr bedürftig. Aber komme uns bitte beim nächsten Mal wieder besuchen! Wir freuen uns immer, dich zu sehen!"

Auf dieser Reise wollte ich auch Aniz besuchen, das kleine Mädchen, das nicht mehr spricht, seit sich die Terroristen an ihr vergangen haben, tagelang. Spender aus London hatten mir Geschenke für sie mitgegeben. Ich fragte David, ob er mich zu der Familie begleiten würde. Doch David schüttelte den Kopf. Schon stockte mir der Atem. Aber bevor meine Fantasie mir schreckliche Gedanken in den Kopf setzen konnte, lächelte er und sagte:

„Keine Sorge, Schwester, die Familie ist in Amerika! Sie durften ausreisen. Seit zwei Wochen sind sie weg." Ich freute mich über diese gute Nachricht und schaute auf die Geschenke in meinen Händen. Nun, über die würde ein anderes Kind sicher genauso glücklich sein.

Auch Leyla und Samir, deren Töchter Rita und Linda vor nunmehr vier Jahren im Irak erschossen worden waren, traf ich nicht mehr an. Sie waren mit ihren Kindern über ein Flüchtlingsprogramm nach Kanada ausgewandert. Ich hoffte, sie würden es in ihrer neuen Heimat gut haben. Und dass die Kinder ihren Weg gehen könnten, Nora, Erkan und der lebenslustige Joni. Und für Wassim, den ältesten Sohn, wünschte ich mir, dass er es dort schaffen würde, mit seinen Schuldgefühlen klarzukommen, dass er vielleicht eine Therapie machen und wieder ein normales Leben führen könne.

Doch abgesehen von Hana und den guten Nachrichten von der Ausreise von Aniz und Leylas Familie gab es wenig Erfreuliches. Ich besuchte Janet, das Mädchen mit dem entstellten Gesicht, deren psychischer Zustand sich eher verschlechtert hatte. Ich besuchte Miryam, die immer noch zusammenzuckte, wenn die Tür ins Schloss fiel, und die dringend eine Therapie brauchte. Und dann lernte ich auch viele neue Flüchtlinge kennen, Menschen, die aus dem ach so sicheren Irak über die Grenze kommen. Nach wie vor.

Einreise

Als ich Mitte März 2009 nach meiner Tour durch die Nachbarländer des Irak wieder die Heimreise antrete, bereiten sich auch 122 Flüchtlinge auf den Flug nach

Deutschland vor. Es sind die ersten der 2500 Kontingent-flüchtlinge, welche die Bundesrepublik aufnehmen möchte. Am Donnerstag, den 19. März, durften sie nach Deutschland. Diese 122 Menschen hatten es geschafft: Sie gehörten zu den Auserwählten, und jetzt würde ihr Traum in Erfüllung gehen. Wenn ihre Situation zuvor nicht so traurig und ernst gewesen wäre, könnte man das, was mit ihnen in den letzten Wochen geschehen war, mit einer dieser unsäglichen Castingshows im Fernsehen vergleichen. Denn hier wie da gibt es zunächst eine Bewerbung, dann eine Prüfung, ein Vorsprechen vor einer Jury, gefolgt von einer geheimen Entscheidung hinter verschlossenen Türen, die das Leben der Bewerber von Grund auf verändert – und schließlich: glückliche Gesichter bei den Gewinnern sowie tieftraurige bei denen, die es nicht geschafft haben und in ihr altes Leben zurückkehren müssen.

En détail funktioniert die Auswahl so: Mitarbeiter des UN-Flüchtlingshilfswerks UNHCR treffen eine Vorauswahl und schicken Dossiers über die Familien und Personen, die ihrer Meinung zufolge nach Deutschland ausreisen sollten, nach Nürnberg. Im dortigen Bundesamt für Migration und Flüchtlinge wurde dafür eigens die Projektgruppe Humanitäre Sonderverfahren eingerichtet, deren Aufgabe es ist, die 2500 irakischen Flüchtlinge auszuwählen. Für die Auswahl hat das Bundesinnenministerium Kriterien vorgegeben: Aufgenommen werden sollen besonders schutzbedürftige Menschen, also verfolgte Minderheiten wie Christen, aber auch Kranke oder alleinstehende Mütter. Danach soll die Integrationsfähigkeit berücksichtigt werden und die Frage, ob in Deutschland Verwandte leben. Straftäter, Terrorverdächtige sowie Funktionäre des alten Regimes sind nicht erwünscht.

Die Zahl der Schwerstkranken und Pflegebedürftigen unter den Flüchtlingen soll die Fünf-Prozent-Marke nicht übersteigen.

Von den ersten Dossiers, die in Nürnberg ankamen, lehnte die Projektgruppe ein Drittel ab. Die anderen wurden zum Gespräch geladen. Fünf Beamte reisten dafür nach Damaskus, drei nach Amman. Eine bis anderthalb Stunden dauerten die Gespräche, an denen meist ganze Familien teilnahmen. Formalia wie Namen und Verwandtschaftsverhältnisse wurden abgefragt, aber auch die Schutzbedürftigkeit nochmals überprüft. Lief das Gespräch gut, mussten die Flüchtlinge noch eine Sicherheitsprüfung und einen Gesundheitscheck über sich ergehen lassen. War danach alles in Ordnung, stand dem Flug nach Deutschland endlich nichts mehr im Weg. Insgesamt 31 Familien, der jüngste Flüchtling erst wenige Monate, der älteste 79 Jahre alt, gehörten zu den Glücklichen. Nachdem sie die Aufnahme bestanden hatten, wurden sie wie Popstars hofiert: Die Bundesrepublik hatte eigens für sie eine Maschine gechartert. Auf dem Flugplatz Hannover-Langenhagen begrüßte sie der Staatssekretär des Bundesinnenministers, Peter Altmeier, und wünschte ihnen persönlich einen „guten Start mit Gottes Segen" – und ebenso, „dass Sie zu stolzen, zu erfolgreichen und zu glücklichen Bürgern unseres Landes werden". Sogar der niedersächsische Innenminister Uwe Schünemann – genau jener, der nur wenige Monate zuvor seine Befürchtung geäußert hatte, mit den Flüchtlingen kämen auch Terroristen ins Land – war da. Er versicherte: „Wir haben alles vorbereitet, dass Sie sich in unserem Land wohlfühlen." Und das war nicht zu viel versprochen: Die etwa hundert Mitarbeiter des Grenzdurchgangslagers Friedland – seit fast zwei Jahrzehnten nur mit Aussiedlern, vorwiegend aus der ehemaligen Sowjetunion, befasst – waren auf die Neuankömmlinge aus dem Orient bestens vorbereitet: Die Lagerköche hatten sich über die kulinarischen Bedürfnisse der Iraker informiert, mehrere neue Dolmetscher für Arabisch wurden verpflichtet, die auch Gottesdienste in der evangelischen und der katholischen Kirche in Friedland übersetzen sollten. Viele Mitarbeiter ließen sich von Psychologen schulen, um Anzeichen eines Traumas früh zu erkennen.

Das Grenzdurchgangslager Friedland wurde im September 1945 von der britischen Militärverwaltung als Auffanglager für Heimkehrer errichtet. Die geografische Lage des Ortes war günstig: Hier, in der Nähe von Göttingen, stießen die britische, russische und amerikanische Besatzungszone zusammen, außerdem lag Friedland direkt an der wichtigen Bahnstrecke zwischen Hannover und Kassel. Und auch eine gut ausgebaute Straße – die heutige Bundesstraße 27 – gab es. Schnell sammelten sich in dem Lager Flüchtlinge, Vertriebene, Soldaten aus dem Osten Europas; Menschen, die in den Kriegswirren ihre Familie oder ihre Heimat verloren hatten. Sie kamen, um bald weiterzuziehen, nicht um zu bleiben. Als Unterkünfte dienten ihnen zunächst leer stehende Stallgebäude des Versuchsgutes der Universität Göttingen, dann schnell zu errichtende Wellblechbaracken jenes Typs, den Peter Norman Nissen im Ersten Weltkrieg für die britische Armee erfand. Wie überdimensionierte und halb in die Erde verbuddelte Blechbüchsen sehen sie aus. Eine dieser historischen Nissenhütten ist auf dem Lagergelände noch erhalten und beherbergt ein kleines Museum, die anderen wichen modernen Bauten. Ende 1993 wurde ein modernes Wirtschafts- und Sozialgebäude in Betrieb genommen. Heute ist das Grenzdurchgangslager in

Friedland ein riesiges Gelände mit 55 Gebäuden, darunter eine Krankenstation, ein Kinderhaus und eine große Kantine. Rund 1300 Betten stehen zur Verfügung. Bis heute kamen über 3,6 Millionen Menschen hier durch. Einen „Gnadenort" nannte Pater Leppich, der erste Lagerseelsorger, den Ort: „Für Hunderttausende in Deutschland ist der Ort Friedland ins Herz eintätowiert." Wer nach seiner Flucht hier ankam, hat nicht selten den Krieg erlebt: wie die Heimkehrer aus dem Osten in den Fünfzigern, wie die vietnamesischen boat people in den Siebzigern – und wie jetzt die irakischen Flüchtlinge. Aus einem Krisengebiet kommen sie an einen Ort, der kaum verheißungsvoller heißen und mit der romantischen Hügellandschaft drum herum kaum malerischer liegen könnte: Friedland.

Die meisten Flüchtlinge aus dem Irak sollen hier nur die ersten beiden Wochen bleiben. Dann werden sie auf die Bundesländer verteilt und dort in mehrwöchigen Integrationskursen auf ihre neue Heimat vorbereitet. Auf die erste Gruppe sollte bald schon die zweite folgen: Alle vierzehn Tage, so der Plan, würden neue Gruppen von 140 bis 150 Flüchtlingen die vorher eingetroffene Gruppe im Lager in Friedland ablösen.

Als es mein Terminkalender endlich zuließ, nach Friedland zu fahren, um zu schauen, wie es den Flüchtlingen dort geht und ob ich etwas für sie tun kann, waren seit März schon etwa zehn Maschinen aus Jordanien und Syrien gelandet und rund 1500 Flüchtlinge durch das Lager gegangen. Mein Besuch fiel leider genau in die Tage zwischen Abreise und Ankunft. Die meisten Flüchtlinge waren schon weg, die neuen sollten erst in zwei Tagen ankommen. Doch zehn syrisch-orthodoxe Christen traf ich dort. Mit zwei Familien konnte ich etwas ausführlicher sprechen. Sie kamen aus Jordanien und waren überglücklich, endlich in Deutschland zu sein: „Die Leute kümmern sich so sehr um uns. Wir können nicht klagen. Wir wissen, dass wir hier sicher sind. Kein orientalischer Staat würde sich so um uns Christen kümmern." Sogar im Supermarkt bemühten die Verkäuferinnen gern ihr verschüttetes Schulenglisch, um mit den Flüchtlingen zu reden. Es beruhigte mich sehr, zu hören, dass sich die Flüchtlinge in Deutschland willkommen fühlen. Es schien, als wären sie nicht nur geografisch im Herzen Deutschlands gelandet – das Läuten der Glocken der Sankt Norbert Heimkehrerkirche aus dem Jahr 1955 gibt den Pulsschlag vor.

In einem der vielen Gebäude wurden zu der Zeit, als ich mich dort aufhielt, gerade die Iraker unterrichtet, die drei Monate lang im Lager bleiben. Ein kleiner Teil der Flüchtlinge lebt so lange in Friedland: Niedersachsen, Sachsen und Mecklenburg-Vorpommern hatten vereinbart, dass die Iraker hier und in der Großunterkunft Bramsche bei Osnabrück einen Integrationskurs absolvieren sollen, bevor sie auf diese Bundesländer verteilt werden. Der Integrationskurs umfasst insgesamt 645 Unterrichtseinheiten. Den ersten Teil, bestehend aus 600 Stunden, bildet der Sprachkurs. Der zweite Teil nennt sich Orientierungskurs. Hier werden Themen wie „Politik in der Demokratie", „Geschichte und Verantwortung" und „Mensch und Gesellschaft" behandelt.

Ich schaute kurz in die Klasse herein. Deutschstunde. Der Lehrer erklärte gerade die Tücken des Genitivs. Fast musste ich lachen. „Diese Vogelsprache", so hatte meine Mutter das Deutsche genannt, wie zuvor auch schon das Türkische. Beides Sprachen, die sie bis heute nicht spricht und so wenig versteht wie das Gezwitscher der Vögel, obwohl sie erst in der Türkei lebte und nun seit vielen Jahren in Deutschland. Meine Mutter spricht nur Aramäisch mit der Betonung auf *sprechen*: Denn meine Eltern sind beide Analphabeten. Neue Sprachen zu lernen fällt ihnen, da sie nie lesen und schreiben gelernt haben, sehr schwer. „Ach, diese Vogelsprache", hatte meine Mutter gesagt, als ich damals weinend aus der Hauptschule in Fürstenberg kam, wo ich direkt nach unserer Ankunft in Deutschland in die achte Klasse eingeschult wurde und rein gar nichts verstand, „diese Vogelsprache wirst du auch noch lernen! Ich weiß, du bist schlau." Schließlich hatte ich zu Hause in Zaz ja auch Türkisch gelernt: in der Schule. Und war ich nicht Klassenbeste gewesen? Warum sollte das mit Deutsch nicht auch so einfach klappen? „Ach Mama", schluchzte ich, „so einfach ist das leider nicht." Im Gegensatz zur Türkei, wo alle Schüler in der Klasse mit einer anderen Muttersprache aufgewachsen waren, war ich in Deutschland mutterseelenallein. Ich konnte mit niemandem sprechen, niemand verstand mich. Es gab keine Wörterbücher Aramäisch-Deutsch, es gab keine Lehrer, die mir in meiner Sprache etwas erklären konnten. Und auch nicht auf Türkisch: Meine Familie war damals die erste und für lange Zeit auch einzige Ausländerfamilie im ganzen Dorf. Ich lernte die Sprache durch Kombinieren: indem ich mir einzelne Wörter aneignete, später die Grammatik. Ich weiß noch, wie meine Klassenlehrerin mich am Anfang mal zur Seite nahm, im Raum auf ein paar Gegenstände zeigte und mir die deutsche Vokabel dazu langsam und überdeutlich vorsprach. Tisch. Tafel. Taschentuch. Mehr konnte sie nicht für mich tun. Sie war völlig überfordert mit der Schülerin, die sie nicht verstand. Und ich war überfordert mit der deutschen Sprache – und frustriert. Allein mein erstes deutsches

Zeugnis zeigte, wie mich das Sprachproblem einschränkte: In allen Fächern, die nichts mit Sprechen zu tun hatten – im Sport, in Musik, in Kunst, in Kochen – hatte ich gute Noten, in allen anderen Fächern nur schlechte. Schließlich fragte mich der Religionslehrer, ob ich nicht freitags in die Gebetsgruppe kommen wolle. Das war meine Rettung: Denn bald sollte sich herausstellen, dass dies die bestmögliche Art für mich war, die Sprache zu lernen. Die Gebete kannte ich schließlich. Und so erschlossen sich mir auch die deutschen Vokabeln darin. Nach zwei, drei Monaten verstand ich schon sehr gut. Nur mit dem Sprechen sollte es noch etwas dauern. Doch hierbei half mir meine Arbeit im Altenheim. Die alten Leutchen bestärkten mich in meinen Versuchen, deutsch zu sprechen, freundlich wiesen sie mich auf Fehler hin und hatten mehr Geduld mit mir als Sprachschülerin als alle Lehrer in meiner Schule zusammen. Nach einem halben Jahr konnte ich schon gut mit ihnen plaudern. Nach einem Jahr hatte ich auch in der Schule kaum noch Probleme.

Doch als ich in Friedland den Flüchtlingen beim Sprachkurs zusah und hörte, wie der Lehrer seinen Schülern die Tücken der deutschen Sprache auf Arabisch, also in ihrer Muttersprache, erklärte, wurde ich fast ein bisschen neidisch. So ein Integrationskurs hätte mir und meiner Familie viel Frust erspart. Und auch so manches Missverständnis. Aber umso mehr gönnte ich es den Flüchtlingen, und es freute mich, dass es den Christen in Friedland gutging.

Was mich nur etwas stutzig machte: Die beiden Familien, mit denen ich sprach, hatten keine schrecklichen Dinge erlebt, wie die Flüchtlinge, die ich in Jordanien, Syrien, in der Türkei und im Libanon traf. Sie hatten keine

Angehörigen durch Attentate verloren, waren nicht Opfer von Vergewaltigungen oder Entführungen geworden. So sehr ich mich darüber freute, dass diesen Familien dieses furchtbare Schicksal erspart geblieben war, so sehr wunderte ich mich auch über die Auswahl der deutschen Behörden. Sind es solche Fälle – wohlhabend, freundlich und psychisch stabil –, die sich die Bundesrepublik als ihre neuen Mitbürger aussucht? Und was ist mit den vielen anderen?

Zurück

Ende Juni 2009 war es wieder so weit: Erneut trat ich eine Reise zu den verfolgten irakischen Christen an. Doch anders als sonst sollte sie mich nicht in die Nachbarländer des Irak führen, sondern direkt an den Ort des Geschehens: Jonadam Kanna, Vorsitzender der chaldäisch-ostsyrischen Vereinigung und Mitglied im Übergangsparlament des Irak, hatte mich eingeladen, mir vor Ort ein Bild von der Lage der Christen im Irak zu machen. Für meine Sicherheit sei gesorgt, meinte Kanna, mit dem ich schon seit einiger Zeit über einen gemeinsamen Bekannten in London in Kontakt stand. Dennoch war ich vor der Reise ziemlich aufgeregt. Ich kannte zu viele Geschichten, hatte zu viel gesehen, zu viel gehört.

Ich sollte über die Türkei in den Irak einreisen, über Habur. So heißt der einzige Grenzübergang zwischen den beiden Nachbarstaaten, genau so wie der Fluss, der die Grenze hier bildet – der Habur, ein linker Nebenfluss des Tigris. Habur liegt nur wenige Kilometer von meiner Heimat im Südosten der Türkei entfernt. Eine hervorragende Möglichkeit, nach Zaz zu fahren. Seitdem mich meine Arbeit regelmäßig in die Türkei und in die Nachbarländer des Irak führt, komme ich oft hier vorbei. Ich nutze nahezu jede Gelegenheit, meine verlorene Heimat zu besuchen – seit jenem April im Jahr 2001, als ich sie das erste Mal nach so vielen Jahren endlich wieder sah.

Zaz

Als ich beschlossen hatte, Nonne zu werden und das ewige Gelübde abzulegen, wollte ich mich selbst auf die Probe stellen. Ich wollte herausfinden, ob ich Jesus tatsächlich mehr liebe als meine Familie – ob Er allein mir eine Heimat sein kann. Würde ich leben können, ohne meine Eltern, meine Geschwister, Neffen und Nichten? Ohne die Nestwärme der Familie, die Plaudereien, die Scherze, die Berührungen und Zärtlichkeiten – ohne ihre Liebe und den Trost, den sie mir geben kann? Würde ich es aushalten, meine jüngeren Geschwister nicht mehr zu sehen, für die ich mich so lange verantwortlich gefühlt hatte, für die ich immer mehr war als nur die große Schwester, fast schon eine Mutter – vor allem für Hediye, die Kleinste, die sogar bei mir schlief? Würde ich es ertragen, nicht dabei sein zu können, wenn sie heirateten, Kinder bekämen, Häuser bauten? Und vor allem: Könnte ich leben ohne meinen Vater, den mir wichtigsten Menschen überhaupt?

Ich musste es herausfinden, ehe ich mein Leben Gott schenkte. Die beste Methode dafür: Kontaktsperre! Also stellte ich die Besuche bei meiner Familie gänzlich ein und untersagte auch meinen Eltern und Geschwistern, mich im Kloster oder Schwesternheim zu besuchen. Im ersten Jahr, das war 1988, war ich so hart gegen mich selbst, dass ich mir sogar jeglichen Telefonkontakt verbat. Danach lockerte ich die mir selbst auferlegten Verbote und rief manchmal zu Hause an. Dabei erfuhr ich, dass Hediye sehr unter meiner Abwesenheit litt. Sie vermisste mich schmerzlich, und sobald mein Name fiel, fing sie sofort zu weinen an. Ich wollte natürlich nicht, dass andere unter meiner Selbstprüfung litten, und lud sie zu mir ins Kloster ein, wo sie 1990 einen Monat mit mir verlebte. Doch meine Eltern sah ich viele, viele Jahre nicht.

Bis auf eine Ausnahme. Einmal erkrankte meine Mutter, und der behandelnde Arzt rief an und bat mich, sie im Krankenhaus zu besuchen. Sie wollte sich erst operieren lassen, nachdem sie mich zuvor noch einmal gesehen hatte. Also fuhr ich ins Krankenhaus – nicht ohne den Rest meiner Familie angewiesen zu haben, auf keinen Fall zur selben Zeit dort zu sein. Ich wollte sie nicht treffen – und war allein mit meiner Mutter. Seit Jahren hatte ich sie nicht gesehen. Mir fiel auf, dass sie alt geworden war. Sie glaubte, bald sterben zu müssen.

Und so sagte sie: „Gott sei Dank, dass ich dich noch einmal zu Gesicht bekomme, jetzt kann ich sterben. Denn jetzt kann ich mich bei dir von ganzem Herzen entschuldigen, für all das Unrecht, das ich dir angetan habe. Ich habe dir immer zu viel zugemutet, die ganze Arbeit damals, als wir noch in Zaz lebten und das Haus bauten! Du warst viel zu jung für diese Belastung. Bitte verzeih mir!"

Ich verzieh ihr. Wir umarmten uns, und mit vielen Tränen und Küssen verabschiedeten wir uns voneinander. Für uns beide war es in diesem Moment ein Abschied für immer. Doch zum Glück sollte sich meine Mutter von der Operation und ihrer Krankheit wieder erholen – und ich sie viele weitere Male in meinem Leben wiedersehen.

Die vielen Jahre ohne meine Familie waren eine harte Prüfung. Wie oft stand ich kurz davor, das Ticket nach Paderborn zu lösen und einfach zu meinen Eltern zu fahren! Wie sehr sehnte ich mich danach, meinem Vater wieder in alter Manier über den Kopf zu streichen! Und wie gern hätte ich die Babys meiner Geschwister im Arm gehalten, von denen ich nur Fotos kannte! Doch diese schweren Jahre ließen mich erfahren, dass ich die Kraft habe, die ich brauche, um Gott zu dienen. Ich habe erkannt, dass alle Menschen meine Schwestern und Brüder sind und ich für jeden, der meine Hilfe benötigt, einstehen werde, als gehörte er zu meiner engsten Familie.

Diese Prüfung hatte ich mir selbst auferlegt. Ich konnte das Experiment jederzeit eigenmächtig beenden. Dass es zwölf Jahre dauern sollte, bis ich mir über das Ergebnis im Klaren war, war für mich nicht abzusehen. Im Jahr 1999, an Weihnachten, beschloss ich endlich, zu meiner Familie zurückzukehren.

Doch nicht nur ich erlegte mir Prüfungen auf, auch Gott prüfte mich: Siebzehn Jahre lang sollte ich meine Heimat nicht betreten dürfen. Der Schmerz, den dies in mir hervorrief, war mit dem vergleichbar, den mir die Sehnsucht nach meiner Familie bereitet hatte. Wenn nicht sogar noch schlimmer, denn in diesem Fall konnte ich nicht selbst über den Zeitpunkt meiner Rückkehr entscheiden.

Im April 2001 war es dann endlich so weit: Ich hatte einen Reisepass bekommen und durfte in die Türkei fahren. Zusammen mit meiner Schwester und zwei Bekannten aus Belgien reiste ich zunächst nach Istanbul, wovon ich schon erzählt habe. Von dort ging es weiter nach Diyarbakır. Am Flughafen empfing uns Ali Agirman aus dem Dorf Daline. Sein Urgroßvater hatte meine Großmutter mütterlicherseits einst im Ersten Weltkrieg vor der Deportation versteckt. Der ganzen Familie samt ihrer Tiere hat Alis Familie Unterschlupf gewährt. Als die Dorfbewohner mitbekamen, dass sich dort Christen versteckt hielten, umstellten sie das Haus von Familie Agirman, bewaffnet mit Äxten, Hämmern und Schwertern, und forderten, dass die Christen sofort ihr Dorf verlassen sollten.

Daraufhin stieg der Vater der Familie auf das Dach und schrie: „Ihr Muslime, zieht hinaus in die Welt. Wenn ihr dort keinen einzigen Christen mehr antrefft, dann kommt wieder zu mir, und ich werde meine Gäste vor euren Augen töten. Aber ihr, ihr werdet ihnen kein Haar krümmen! Und wenn ihr nur einem einzigen Hahn meiner Gäste den Hals umdreht, werde ich vierzig eurer Männer töten!" Die Drohung wirkte. Bis die Lage wieder einigermaßen sicher war, lebte die Familie meiner Großmutter im Haus der Agirmans. Sie sei wie eine eigene Tochter behandelt worden, erzählte meine Oma von den Monaten im Versteck.

Die Agirmans sind Muslime, ihnen verdanken wir unser Leben. Und auch jetzt wollten sie uns schützen: Ali Agirman war mit seinen fünf Söhnen gekommen, die uns alle, so wir denn wollten, als Leibwächter, Fahrer oder Fremdenführer zur Verfügung stehen würden. Doch ich winkte ab: „Danke für dein Angebot, lieber Ali. Aber wir brauchen nur einen Fahrer. Gib mir einfach den, der keine Verpflichtungen zu Hause hat, da wir ein paar Tage unterwegs sind, und ich werde dir sehr dankbar sein!" Der jüngste Sohn hat uns dann begleitet.

Auch wenn wir es kaum erwarten konnten, unser Heimatdorf endlich wiederzusehen, fuhren wir doch nicht sofort dorthin, sondern zunächst: zum Gericht. Denn am Tag unserer Ankunft, dem 5. April 2001, wurde vor dem Staatssicherheitsgericht in Diyarbakır dem syrisch-orthodoxen Priester Yusuf Akbulut der Prozess gemacht. Sein Fall hatte international für Aufsehen gesorgt: In einem privaten Gespräch mit türkischen Journalisten der Zeitung Hürriyet hatte der 36-Jährige angemerkt, dass der Völkermord an den Armeniern im Jahr 1915 eine Tatsache sei, die niemand leugnen könne. Nicht nur die Armenier, so soll Akbulut gesagt haben, auch die Ostsyrer seien dem Völkermord ausgesetzt worden – weil sie Christen waren. Am 4. Oktober 2000 hatte Hürriyet unter der Überschrift „Der Verräter ist unter uns" über den Priester berichtet. Einen Monat später wurde gegen Akbulut ein Verfahren eingeleitet. Vorwurf: Volksverhetzung. Die Staatsanwaltschaft hatte zunächst gefordert, den Priester nach Paragraf 312 des türkischen Strafgesetzbuchs mit bis zu drei Jahren Gefängnis zu bestrafen. Doch während des Prozesses schloss sie sich der Argumentation der Verteidigung an: Die Zitate stammten aus einem privaten Gespräch und seien darüber hinaus aus dem Zusammenhang gerissen worden. Als wir am dritten Verhandlungstag beim Gericht eintrafen, kamen wir gerade rechtzeitig. An diesem Tag sprach das Gericht den Priester vom Vorwurf der Volksverhetzung in allen Punkten frei. Ein ungewöhnliches Urteil für die Türkei, das ohne die zahlreichen internationalen Beobachter und nicht zuletzt ohne das wachsende Interesse der Türkei an einer Aufnahme in die EU so sicherlich nicht zustande gekommen wäre. Der Saal war voll von Diplomaten und Vertretern verschiedener Menschenrechtsorganisationen aus Deutschland, Großbritannien, den Niederlanden, Schweden und den Vereinigten Staaten. Für uns – und für viele andere – fand sich kein Platz mehr. So verfolgten wir das Verfahren vom Flur aus durch die geöffneten Türen zum Verhandlungssaal.

Akbulut ist übrigens der letzte syrisch-orthodoxe Priester in der Stadt Diyarbakır, deren Name vom aramäischen Begriff dayr bekir stammt. Das heißt „erste Kirche" oder „Kirche der Jungfrau Maria" und bezieht sich auf die Mutter-Gottes-Kirche aus dem 2. Jahrhundert, die hier steht – eine der ältesten Kirchen überhaupt. Die

Türkei hat den Namen Diyarbekir dann im Jahr 1937 in Diyarbakır umgewandelt, was so viel heißt wie „Gebiet des Kupfers". Mitte des 19. Jahrhunderts waren 35 Prozent der Einwohner Christen. Heute leben 600 000 Menschen in der Stadt – gerade einmal fünfzig davon gehören zu Akbuluts Gemeinde.

Nach der Verhandlung machten wir uns auf den Weg nach Zaz, meinem Heimatdorf, das wir vor siebzehn Jahren so überstürzt hatten verlassen müssen. Wir waren sehr aufgeregt, als wir im Auto durch die uns so vertraute Landschaft fuhren. Unsere Herzen schlugen schneller. Jedes Bild, das uns im Rahmen der Fensterscheiben erschien, sogen wir in uns auf wie eine trockene Wurzel das lang vermisste Wasser. Und dann, auf einmal, erblickten wir in der Ferne die Mor-Dimet-Kirche oben auf dem Berg, das weithin sichtbare Wahrzeichen unseres Dorfes. Wir schrien auf, die Tränen standen uns in den Augen. Wir baten den Fahrer anzuhalten. Wir mussten an die frische Luft, unseren Puls beruhigen. Meine Schwester lief vor dem Auto auf und ab und schlug sich auf die Brust. Ihr Herz tat so weh. Und ich, ich konnte kaum atmen, ich bekam keine Luft mehr. Es brauchte einige tiefe Atemzüge, ein paar Tränen und viele Herzschläge, bis wir bereit waren, uns dem Ort unserer Kindheit zu nähern.

Seit 1993 leben keine Christen mehr im Dorf. Die sogenannten Dorfschützer haben die letzten von ihnen verjagt. Die Dorfschützer, die man besser „Dorfschützen" nennen sollte – schossen sie doch gern auf alles, was ihren Interessen, die in der Regel nichts mit dem Schutz des Dorfes zu tun hatten, in die Quere kam –, diese Dorfschützer wurden im Jahre 1986, genau zwei Jahre nach unserer Flucht, im Osten und Südosten der Türkei aufgestellt. Es handelte sich um von der Regierung ausgebildete, bewaffnete und bezahlte paramilitärische Einheiten. Historisches Vorbild waren die Hamidiye-Regimenter im Osmanischen Reich, und damit genau jene Truppen, die 1915 im Kampf gegen die Armenier ganze Arbeit geleistet hatten. Ursprünglich diente das Dorfschützer-System dem Kampf des Militärs gegen die PKK. Doch vielerorts missbrauchten die Dorfschützer ihre Macht. Und statt „innerhalb der Dorfgrenzen aller Wohl, Leben und Eigentum zu schützen", wie es das Gesetz von ihnen verlangte, hatten sie es bald auf jene abgesehen, die sie eigentlich hätten schützen sollen. Einzelne Stämme entwickelten sich zu einem regionalen Machtfaktor, bisweilen kontrollierten sie ganze Regionen – ökonomisch wie militärisch. Einem Bericht des nationalen Nachrichtendienstes Millî İstihbarat Teşkilâtı (kurz: MİT) aus dem Jahr 1996 zufolge agierten die Dorfschützer wie organisierte Kriminelle. Sie entführten Mädchen und vergewaltigten sie. Sie ermordeten Menschen und bezeichneten sie hinterher als PKK-Mitglieder. Sie beschlagnahmten gewalttätig die Häuser und Güter der Bevölkerung und erpressten die Menschen.

Vor allem im Tur Abdin missbrauchten die Dorfschützer ihre Macht, und wieder waren es die Christen, die nach dem Aufflammen des PKK-Konflikts zwischen die Fronten gerieten. Schon lange standen Erpressungen auf der Tagesordnung, Anfang der 1990er-Jahre nahmen sie jedoch eine neue Qualität an. Die Männer kamen immer mit schweren Waffen. Sie forderten Informationen, Geld, Nahrungsmittel, Kleidung, Decken, Reit- und Lasttiere. Bekamen die Erpresser nicht, was sie wollten, drohten sie mit sofortiger Erschießung. Die nächtlichen Besucher stammten aus ganz unterschiedlichen Lagern, etwa dem staatlichen Sicherheitsapparat, der PKK, islamistischen Terrorgruppen wie etwa der türkischen Hisbollah oder der kurdischen Nachbarschaft. Die Christen im Tur Abdin gerieten in doppelte Bedrängnis. Nicht nur, weil sie den Forderungen, die sie oft um ihr ganzes Hab und Gut brachten, unmittelbar Folge leisten mussten. Hinzu kam: Je nachdem, wem sie da „halfen", konnten sie wiederum von dessen Gegnern zur Rechenschaft gezogen werden.

So geschah es in Zaz im Jahr 1993. Vier Dorfbewohner hatten bewaffneten Erpressern gezwungenermaßen ausgeholfen – es handelte sich um Mitglieder der PKK. Daraufhin kam eine Einheit von Dorfschützern und überfiel das Dorf. Die vier Christen, drei Männer und eine Frau, wurden festgenommen und gefoltert. Nach diesem Ereignis verließen auch die letzten Christen Zaz. Viele Dörfer im Tur Abdin leerten sich in dieser Zeit, manche wurden gar von den Militärs geräumt und zerstört. Und die letzten noch verbliebenen Christen waren ihres Lebens nicht mehr sicher: 1994 wurden Dr. Edward Tanriverdi, der letzte christliche Arzt im Tur Abdin, sowie der Stadtteilbürgermeister von Midyat, Yakup Matte ermordet. Die Täter, vermutlich ebenfalls Dorfschützer, sind nie ermittelt und nie zur Verantwortung gezogen worden.

Ich kannte alle diese Geschichten, viele hatten mir Bekannte aus dem Tur Abdin erzählt, manche waren sogar in der Presse erschienen. Wir wussten, dass die drei kurdischen Familien in unserem Dorf nun alles in Beschlag genommen hatten – und waren auf einiges gefasst, als wir endlich nach Zaz fuhren.

Schon von Weitem hatten wir gesehen, dass die Bäume nicht mehr standen. Aus der Nähe erkannten wir dann, dass auch die Gärten alle zerstört waren, die Felder verwildert. Von den Häusern waren oft nur noch die Mauern übrig geblieben. Viele Steine hatte man abgetra-

gen, um andere Häuser daraus zu bauen. Mein Geburtshaus war die Treppe herab gerutscht, es war nicht mehr
begehbar. Eine Bombe hat es zerstört – die Bombe, die
die Islamisten unter unser Haus gelegt hatten, aus Ärger
darüber, dass wir ihnen entwischt waren. Diese Bombe
hätte uns töten sollen, wären wir zurückgekommen.
Doch sie explodierte, lange bevor ich und meine Schwester im Jahr 2001 Zaz wieder betreten sollten.

Als ich mich durch das hohe Gras zwischen den Ruinen unserer Häuser bewegte, musste ich daran denken,
was es für eine Arbeit gewesen war, die Häuser zu bauen.
Ich dachte an all die Nächte, die mein Vater und ich auf
dem Dach geschuftet hatten, das gerade drei Monate vor
unserer Flucht fertig geworden war. Und jetzt lag alles in
Schutt in Asche. Meine Schwester musste sich setzen, sie
konnte nicht mehr laufen, sie war von dem Schock gelähmt.

Dann gingen wir in die Weinberge, unsere schönen alten Weinberge. Manche Reben sind dreihundert Jahre alt,
und die Stämme sind so dick wie die von Bäumen. Doch
die Weinberge waren verwildert, die Reben verkümmert,
niemand pflegte sie, niemand erntete. Das Unkraut stand
höher als die Pflanzen. Kaum zu glauben, wie fruchtbar
dieser Landstrich einst gewesen war. Wasser war nie ein
Problem. Doch jetzt, da die Bäume alle abgeholzt waren,
trocknete das Land aus, das Paradies war verloren.

Wir wanderten eine Weile, bis wir von einer Anhöhe
einen besonders guten Blick auf unser Dorf hatten. Wir
standen still da und schauten auf den einst so stolzen
und geschichtsträchtigen Ort mit seinen verlassenen Kirchen. Neun Bischöfe und einen Patriarchen hatten sie im
Laufe der Jahrhunderte hervorgebracht. Über Jahrhunderte reichen unsere Wurzeln an diesem Ort zurück.

Durch einen Schleier von Tränen schauten wir auf die einstige Heimat. Plötzlich warf sich meine Schwester auf die Knie. „Vater!", rief sie und weinte, „du hast jeden Stein hier berührt, hast gepflügt und aufgeräumt. Und was du einst geleistet hast, ist jetzt im Besitz deines Feindes!" Sie hielt sich die Hände vor das Gesicht und schluchzte. Dann blickte sie zum Himmel hinauf und schrie: „Gott, warum lässt du das zu? Warum strafst du diese Leute nicht?"

Ich ging zu ihr und zog sie hoch: „Seyde", flüsterte ich, „steh auf! Wir sind nicht allein hier, du kannst dich nicht so gehen lassen." Ich warf den beiden Belgiern, die mit uns gekommen waren, einen entschuldigenden Blick zu.

Doch die Beherrschung fiel nicht nur meiner Schwester schwer. Auch meine Familie zu Hause, der ich später die Filmaufnahmen zeigte, die ich mit meiner Videokamera gemacht hatte, reagierte überaus emotional. Einer Schwester wurde übel, die nächste musste sich übergeben, eine andere heulte die ganze Zeit nur, und auch meinen Eltern rannen die Tränen über das Gesicht. Irgendwann war es meinem Vater zu viel. Er sagte: „Hatune, schalte das Gerät bitte ab. Der Film führt nur dazu, dass es meinen Töchtern schlecht geht, und das möchte ich nicht."

Nach unserem Besuch in Zaz reisten wir drei Wochen lang durch den Südosten der Türkei. Wir besuchten Klöster und Dörfer, waren in Kappadokien und Antiochien. Auf dieser Reise betrat ich zum ersten Mal das Kloster, an dem ich im Alter von elf Jahren mit meinem Vater vorbeigegangen war und dass ich damals schon von innen hatte sehen wollen. Mein Vater hatte mir den Wunsch jedoch abgeschlagen – in der Sorge, ich könnte für immer dort bleiben und hinter Klostermauern leben wollen. Als ich nun auf dieser Reise endlich dieses Kloster – es ist das

St. Michael Kloster – betrat, wollte ich nirgendwo anders mehr leben. Bis heute ist es der einzige Ort auf der Welt, an dem ich mich richtig wohl fühle, an dem ich zur Ruhe komme und Kraft tanken kann. Hier soll mein Grab sein. Und hierher komme ich, so oft es geht.

Auch Ende Juni 2009, kurz bevor ich das erste Mal in den Irak reisen durfte, fuhr ich hin und genoss die Ruhe dieses abgeschiedenen Orts mitten im Wald. Zuvor war ich wieder in Zaz gewesen, war durch die Ruinen gestapft und hatte in den Bergen die frische Luft tief in meine Lungen gesogen. Als ich ein paar Bauern bei der Ernte auf den Feldern gesehen hatte, hatte ich sie gefragt, ob ich ihnen ein wenig helfen dürfte. Sie hatten mich erst irritiert angeschaut, solche Anfragen bekamen sie sicher nicht alle Tage. Doch als ich dann eine Weile die Sichel geschwungen hatte und fast zu alter Form aufgelaufen war, hatten sie mich gar nicht mehr ziehen lassen wollen. Und wie gern wäre ich geblieben, hätte ich die Zeit zurückstellen und so vieles ungeschehen machen können. Nichts ersetzt die Heimat.

Noch ganz von diesem Eindruck beseelt fuhr ich an die türkisch-irakische Grenze, um mir in den kommenden Tagen und Wochen auf Einladung des Politikers Kanna ein Bild von der Situation der Christen im Irak zu machen. Und das war sicher auch ein Grund dafür, warum ich für ihn und seine Mission in den nächsten Tagen sehr offen sein sollte.

Irak

Mein Fahrer – wieder ein Sohn aus der Familie unserer einstigen Lebensretter – fuhr mich nach Habur. An der Grenze hatte ich keine Schwierigkeiten. In meinem Visum stand, ich käme auf Einladung des Parlamentsmitglieds Kanna, eines sehr bekannten Politikers, in den Irak. Ich durfte problemlos einreisen. Auf der anderen Seite der Grenze empfing mich ein Freund und Mitstreiter Kannas. Wie ich später erfuhr, hatte er elf Jahre lang unter Saddam im Foltergefängnis gesessen. Wir fuhren nach Dohuk. Auf der gut sechzig Kilometer langen Strecke erschien mir die Gegend sehr fruchtbar. In den Ortschaften und vor allem in Dohuk wurde viel gebaut, es sah nach Aufbruch und Neuanfang aus. Es war so ganz und gar nicht der Irak, den ich erwartet hatte.

In Dohuk traf ich Kanna. Er ist der Kopf der assyrischen demokratischen Bewegung und Vorsitzender der chaldäisch-assyrischen Vereinigung, der größten Christenorganisation im Irak. Bereits 1982 ging die Vereinigung unter Kannas Führung gegen das Baath-Regime von Saddam Hussein vor; nicht allein rhetorisch, es kam auch zu bewaffneten Auseinandersetzungen. Jahrelang versteckte sich Kanna vor Saddams Schergen im Norden des Irak. Dort wurde er auch Minister in der Autonomieregierung Kurdistans, das nach dem Autonomieabkommen vom 11. März 1970 die Provinzen Arbil, Dohuk und As-Sulaimaniyya umfasste. Als solcher blieb er bis zu Saddams Sturz auf dessen schwarzer Liste. Im Jahr 2005 wurde Kanna in das Übergangsparlament des Irak gewählt. Keine Frage, dass er als christliches Parlamentsmitglied jetzt wieder – oder immer noch – gefährlich lebt. Viele seiner Mitstreiter sind schon Anschlägen zum Opfer gefallen. Im Mai 2006 scheiterte ein Mordanschlag auf seine Person. So wunderte es mich nicht, dass ich Kanna in Begleitung von dreizehn Bodyguards traf.

Ich mochte Kanna auf Anhieb: ein freundlicher, kluger Mann, der seine Positionen mit Nachdruck vertritt. An unserem ersten Abend sprachen wir über die politische Situation im Irak, und Kanna erzählte mir von den Kommunalwahlen, die Ende Januar 2009 stattgefunden hatten. Nicht ein einziger Politiker der fünf christlichen Organisationen, die zu den Wahlen angetreten waren, hatte es geschafft, direkt in eine der Volksvertretungen auf Provinzebene gewählt zu werden. Nur über die umstrittene Quotenregelung bekamen sie je einen Sitz in Basra, Bagdad und Ninewa, ihrem ursprünglichen Siedlungsgebiet. In den bisherigen Provinzräten hatten die Christen doppelt so viele Sitze.

„Das Parlament in Bagdad hat uns die Quote um die Hälfte gekürzt", sagte Kanna sichtlich frustriert. ‚Ihr geht ja doch alle weg', so die Begründung für diese drastische Kürzung. „Damit, dass die europäischen Staaten vornehmlich Christen aus dem Irak als Flüchtlinge aufnehmen, haben sie uns einen Bärendienst erwiesen. Die sollen uns lieber hier helfen, damit wir bessere Lebensbedingungen bekommen und nicht weggehen müssen." Die Verzweiflung des Mannes berührte mich stark, vor allem, weil ich die ganze Debatte um die Aufnahme christlicher Flüchtlinge aus dieser Perspektive noch gar nicht betrachtet hatte.

Doch nicht nur die Gesetze hatten die Kommunalwahl erschwert, erzählte Kanna weiter. Vier Tage lang waren die Wahlurnen verschwunden. Und zwar eigentümlicher Weise allein in den Gebieten, in denen vorwiegend Christen wohnten. Die Kurden, die um jeden Preis Kirkuk und Mosul unter ihre Kontrolle bringen wollten, hätten dafür gesorgt – auch zulasten der Christen. Kanna war vor Gericht gezogen, um die Vorwürfe prüfen zu lassen. Es wäre ja auch nicht das erste Mal gewesen, dass bei Wahlen betrogen wurde. Bereits im Jahr 2005, bei der Wahl des Übergangsparlaments, war es nicht mit rechten Dingen zugegangen. Weil es im Norden des Irak, in der Provinz Ninive rund um Mosul, zu Aufständen gekommen war, konnten nicht alle Wahllokale am Wahltag öffnen. Zudem seien Wahlhelfer bestochen, Wahlscheine gefälscht und Wahlurnen gestohlen worden. „Sie haben das Kind der Demokratie in unserem Land schon bei der Geburt getötet", resümierte Kanna.

Als Sieger war damals mit absoluter Mehrheit die Schiitenallianz aus der Wahl hervorgegangen, die zusammen mit der Allianz der Kurden und einzelnen Sunniten eine Übergangsregierung bildete. Als einziger seiner Partei – der christlichen ADM – kam Kanna in das Parlament. Sein politisches Ziel war eine autonome Region im Nordirak, in der Christen sich würden ansiedeln können und in der sie geschützt sein würden. Nichts lag ihm mehr am Herzen, als dass die Christen im Irak bleiben könnten und ihre angestammte Heimat nicht verlassen müssten.

Dieses Anliegen vertritt er nicht nur auf der politischen Ebene. Er ist auch bei denen, die es unmittelbar betrifft: den Christen, die noch im Irak geblieben sind. Am folgenden Tag sollte ich einige von ihnen kennenlernen. Kanna fuhr mit mir auf die Dörfer, dorthin, wo viele einheimische Christen schon seit Jahren leben, seit Kurzem gemeinsam mit einigen Inlandsflüchtlingen aus Bagdad und Mosul, die vor der dortigen Gewalt geflohen sind. In diesen Dörfern fühlte ich mich sofort an meine Heimat im Tur Abdin erinnert – an Dörfer wie Zaz, christliche Enklaven in einer muslimischen Welt. Was mir auch bekannt vorkam, war die Vorsicht in den Gesichtern der Menschen, die Angst, dass die Fremden, die sich dem Dorf nähern, nicht mit guten Absichten kommen. Doch als die Leute Kanna erkannten, verschwand das Misstrauen. Meine Nonnenkutte, über der ich immer eine Kette mit einem Holzkreuz trage, wird ein Übriges dazu beigetragen haben.

„Wir sehen keine Zukunft für uns", sagte einer der Männer, die vor einem Haus bei einem Brettspiel zusammensaßen. „Wir werden gezwungen, die kurdische Sprache zu lernen und uns der islamischen Mehrheit unterzuordnen." Eine Frau fasste mich beim Ärmel und zeigte auf ihren Garten. Dort blühte nichts mehr, alles war verbrannt. „Wir waren beim Gottesdienst, als die Jugendlichen kamen und das Feuer legten", sagte sie. „Es war nicht ihre Idee, die islamischen Eltern haben sie dazu angestiftet." Dann erzählten uns die Menschen, warum sie hierher geflohen waren. Es waren die schon so oft gehörten und immer wieder erschütternden Geschichten von Verfolgung, Entführung, Vergewaltigung und Mord. Kanna war betroffen von den Erzählungen seiner Landsleute. Dennoch wollte er sie zum Bleiben bewegen. „Es sind nicht nur die Christen, die in diesem Land verfolgt und getötet werden", sagte er den Familien, „aber warum sollen nur die Christen aus diesem Land flüchten, in dem sie schon über Jahrtausende leben? Ich flehe euch an, bleibt hier, lasst euch nicht vertreiben von eurem Heimatboden! Bleibt standhaft!"

Es waren immer dieselben Worte, die Kanna den versammelten Familien in den Dörfern vortrug. Hatte er sein Anliegen klargemacht, stellte er mich vor: „Das ist Schwester Hatune aus Deutschland. Sie hat eine Stiftung und wird eure Stimme nach Europa tragen. Sie wird dafür sorgen, dass die Leute dort euch hier unterstützen, damit ihr bleiben könnt." Kanna hatte damit Tatsachen geschaffen, ganz einfach. Bis zu dem Zeitpunkt, als er mich das erste Mal so vorstellte, wusste ich noch nichts von meiner Mission. Jetzt also hatte ich einen Auftrag: Gleich ihm sollte ich die Menschen zum Bleiben ermuntern und ihnen das Gefühl geben, dass Europa sie dabei nicht allein lässt. Aber konnte ich das guten Gewissens tun? Hatte ich nicht bisher immer alles dafür getan, dass die Flüchtlinge aus der Krisenregion herauskamen? Konnte ich mich jetzt allen Ernstes dafür einsetzen, dass sie dablieben und sich weiterhin all den Gefahren aussetzten, die sie das Leben kosten konnten? Gemischte Gefühle breiteten sich in mir aus, wenn ich Kanna reden hörte. Keine Frage, es ist immer besser, die Heimat nicht verlassen zu müssen. Schließlich hatte ich am eigenen Leib erfahren, wie schmerzlich es ist, entwurzelt zu werden, und wie weh es auch viele Jahre später noch tut. Doch sind die Christen im Irak wirklich sicher? Nach meinem ersten Eindruck wirkte es so. Ich hatte so viele schreckliche Geschichten gehört, dass ich ein ganz anderes Bild vom Irak im Kopf hatte, als ich hierher fuhr. All die Gräueltaten, all die brennenden Autos, die Leichenberge und zerbombten Kirchen hatten sich in meiner Vorstellung zu einem Bild aus der Hölle zusammengefügt, in der niemand auch nur einen Moment in Frieden einen Atemzug tun kann. Doch der Irak, den ich auf dieser Reise erlebte, war ein anderer.

Drei Tage lang fuhr Kanna durch den Norden des Irak, um die Leute zum Bleiben zu bewegen. Ich begleitete ihn nur am ersten Tag, dann reiste ich weiter. Kanna gab mir drei seiner Leute zu meinem persönlichen Schutz mit. Mein nächstes Ziel hieß Ninive. Ninive war einst eine der wichtigsten Städte Ostsyriens – zuletzt, unter der Herrschaft Sanheribs und Assurbanipals im 7. vorchristlichen Jahrhundert, sogar Hauptstadt. An verschiedenen Stellen wird die Stadt in der Bibel erwähnt und ihr baldiger Untergang angekündigt. So schreibt etwa Zefanja, dass der Herr „die große Hauptstadt Ninive zur verlassenen Einöde und zur unfruchtbaren Wüste machen" (Zef 2,13) werde. Und tatsächlich: Nach der Zerstörung Ninives durch die Meder und Babylonier im Jahr 612 v. Chr. wurde die Stadt nie wieder aufgebaut und verschwand bis hinein ins 19. Jahrhundert im Dunkel der Geschichte. Dann buddelten Archäologen sie wieder aus: 1845 fand der Brite Henry Layard die Überreste der gewaltigen Paläste von Ninive. Später wurde hier die größte Urkundensammlung der Antike entdeckt: 22 000 Keilschrifttafeln aus dem Palastarchiv Assurbanipals, darunter das berühmte Gilgamesch-Epos, wanderten ins Britische Museum.

Als der Terror gegen die Christen Anfang dieses Jahrtausends begann, flohen Zehntausende aus Bagdad in die Provinz Ninive. Damals galt die Region als relativ sicher. Doch es sollte nicht lange dauern, bis auch hier der Terror zunahm. Bald war erneut vom Untergang die Rede – diesmal vom Untergang der Christen aus dem Orient, die auch hier nicht zur Ruhe kommen und ständiger Verfolgung ausgesetzt sind. Viele wollen einfach nur weg. Sie hausen unter ärmlichsten Bedingungen, oft ohne alle Hilfe.

Vor einer Ruine sah ich eine alte Frau sitzen. Ich ging zu ihr und fragte, was mit ihrem Haus geschehen sei.

„Jaja", sagte sie.

„Leben Sie hier allein?"

„Jaja."

„Wovon leben Sie?"

„Jaja."

Ich konnte fragen, was ich wollte, die Antwort war immer dieselbe: „Jaja." Eine Nachbarin kam und erklärte mir, dass das Haus einer Bombe zum Opfer gefallen war und die Frau seitdem unter den Trümmern lebte, schwer traumatisiert. Sie war 82 Jahre alt und nicht verheiratet, ihr Bruder lebte in Kanada. Die Nachbarn kümmerten sich um sie, brachten ihr regelmäßig etwas zu essen vorbei.

Ich beugte mich zu ihr hinunter: „Geht es Ihnen gut?" Sie schaute mit ihren unglaublich blauen Augen in meine Richtung, doch der Blick ging an mir vorbei in die Ferne. Ich hatte schon fest mit einem „Jaja" als Antwort gerechnet, als sie sagte: „Entscheiden Sie!"

Viele ältere Christinnen leben wie diese alte Frau allein. Ursache ist ein deutlicher Frauenüberschuss infolge der Kriege. Schon im Iran-Irak-Krieg wurden die christlichen Soldaten in die ersten Reihen geschoben – die meisten sind nicht wiedergekommen. Jetzt leben die alten Frauen allein, oft ohne Kinder, die sich um sie kümmern könnten. Und sollte es doch Kinder geben, leben sie nicht selten im Ausland, außer Reichweite – wie in diesem Fall. Zurück bleiben die Alten, hilflos und mittellos.

Von der Ninive-Ebene reiste ich nach Erbil. Erbil liegt achtzig Kilometer östlich von Mosul und gilt als wirtschaftliches Sprungbrett für den ganzen Irak, manche reden gar von einem „Dubai des Irak". Und tatsächlich, es ist unübersehbar: Erbil, das Zentrum der von den Kurden dominierten Region im Norden des Landes, boomt. Baustelle reiht sich an Baustelle, Kräne schieben sich in das Blickfeld, sobald man gen Himmel schaut. Für die Ein-Millionen-Einwohner-Stadt wurde sogar ein Entwicklungs- und Flächennutzungsplan aufgestellt, angelegt bis auf das Jahr 2034. Eine neue Mega-Mall für etwa eine

Milliarde US-Dollar wird schon sehr bald fertig sein und das alte Stadtzentrum ersetzen, an dessen Stelle großzügige Parkanlagen geplant sind. Die alte Zitadelle wurde bereits evakuiert und in ein Freilichtmuseum verwandelt. Diese radikalen Einschnitte in die gewachsene Stadtstruktur erinnern tatsächlich ein wenig an die Bauwut, die man aus Dubai und den anderen Emiraten kennt.

Und dieser Bauboom ist nur möglich, weil Erbil als relativ sicher gilt. Anschläge sind hier sehr selten. Als der frühere Bundesaußenminister Frank Walter Steinmeier im Frühjahr 2009 zur Einweihung der deutschen Auslandsvertretung in Erbil anreiste, wurde ihm gesagt, dass er die kugelsichere Weste gleich wieder einpacken könne, die brauche er hier nicht. Wie die Deutschen haben viele andere Länder in Erbil Vertretungen eröffnet, etwa die USA, Russland, Iran, Großbritannien, Frankreich, Südkorea. Kurdistan ist nicht Irak, so werben Präsident Masud Barzani und dessen Neffe Netschirwan um ausländische Investoren. Und zumindest in Erbil hatte ich denselben Eindruck.

Mein Terminkalender sah ein Treffen mit Mitarbeiterinnen christlicher Frauenverbände vor. Sie kümmern sich um die Erziehung der Kinder und unterhalten Kindertagesstätten. Sie vermitteln hier christliche Werte, führen die Kinder an die Bibel heran und versuchen auf diese Art und Weise, das christliche Erbe zu bewahren. Kanna hatte mich angekündigt, die Schwester des Parlamentsabgeordneten ist Mitglied des Frauenverbandes. Sie erzählte mir, ihr Bruder kämpfe um die Anerkennung der syrisch-aramäischen Sprache als Landessprache – als vierte neben Arabisch, Kurdisch und Englisch. Im gesamten Irak gebe es noch 53 Schulen, in denen Aramäisch die Unterrichtssprache sei. Noch würden sie vom kurdischen Staat unterstützt. Doch könnten die Mittel bald gestri-

chen werden, die Schulen stünden dann vor dem Aus.
Der Frauenverband versuche daher, Gelder zur Erhaltung
der Schulen aufzutreiben. Über 680 000 Dollar bräuchten
sie, um sicherzustellen, dass die wenigen Schulen auf dieser Erde, in der noch in der Sprache Jesu unterrichtet
wird, erhalten bleiben können.

Von Erbil flog ich nach Bagdad, und damit von der wohl
sichersten Stadt des Irak in die gefährlichste Stadt der
Welt. Zumindest galt sie jahrelang als solche. Doch jetzt,
so war immer wieder zu hören, jetzt soll endlich Frieden
einkehren.

Als ich in Bagdad ankam, war es gerade erst ein paar
Tage her, dass die Menschen den Abzug der US-Kampf-
truppen enthusiastisch gefeiert hatten und damit das ver-
meintliche Ende eines einst unendlich erscheinenden
Krieges. Am 30. Juni 2009 waren die amerikanischen Einheiten in Stützpunkte außerhalb der Städte verlegt worden, bis August 2010 sollen sie aus dem Golfstaat in die
Heimat zurückkehren. Ein historischer Moment: Die irakische Regierung hatte den Tag zum nationalen Feiertag
der Souveränität ausgerufen. Fahrzeugkorsos, mit Fahnen
und Blumen geschmückt, waren hupend durch die Straßen gefahren. Im Staatsfernsehen wurde regelmäßig eine
Uhr eingeblendet, welche die verbleibenden Minuten bis
zum völligen Abzug der US-Truppen aus den Städten –
bis Mitternacht also – zählte. Es hatte ein bisschen an Sil-
vester erinnert. Und in der besonders bewachten Grünen
Zone, für die Iraker jahrelang das ultimative Symbol ausländischer Militärpräsenz in der Hauptstadt, wurde eine
Parade abgehalten: Tausende Soldaten und Polizisten waren zu Fuß, in Militärfahrzeugen und Panzern an den Re-
gierungsgebäuden und Botschaften vorbeigezogen, viele

der Fahrzeuge übrigens Geschenke der Amerikaner. Der Tag sei eine Errungenschaft aller Iraker, hatte Ministerpräsident Nuri al-Maliki in einer Fernsehansprache getönt: „Jene, die denken, die Iraker könnten ihr Land nicht selbst verteidigen, machen einen schweren Fehler." Künftig sollen rund eine halbe Million irakische Polizisten und 250 000 irakische Soldaten die Verantwortung für die Sicherheit im Lande tragen. Weitgehend. Ob sie das bewerkstelligen können, war schon an diesem Feiertag äußerst fraglich, doch bei aller Freude hatte die Skepsis erst einmal Pause.

Der 30. Juni 2009 wurde so frenetisch gefeiert, weil er für viele das offizielle Ende des Irakkriegs bedeutete, jenes Krieges, der am 20. März 2003 mit gezielten Bombardements in Bagdad begonnen hatte. Vierzig Marschflugkörper feuerten die USA in jener Nacht auf die Hauptstadt ab. In den frühen Morgenstunden des 3. April begann mit einem intensiven Bombardement des Saddam International Airport die Schlacht um Bagdad. Nur zwei Tage später rückten die US-amerikanischen Truppen erstmals ins Stadtzentrum vor und brachten Bagdad innerhalb der nächsten vier Tage weitgehend unter ihre Kontrolle. Als dann am 9. April 2003 die Amerikaner mit Hilfe eines M2-Bradley-Kampfpanzers die große Saddam-Statue vor dem Palestine Hotel zum Einsturz brachten, war der Krieg das erste Mal vorbei. Am 1. Mai 2003 erklärte US-Präsident George W. Bush den Irakkrieg dann auch offiziell für beendet. Doch er war es noch lange nicht. Im Gegenteil: Die Auseinandersetzungen und Anschläge gingen weiter – und forderten mehr Opfer als die Kriegshandlungen zuvor. Und jetzt, mit dem Abzug der Amerikaner aus Bagdad, soll dieser furchtbare Krieg nun tatsächlich beendet sein? Zu gern würde man es glauben.

Einst lebte in Bagdad etwa die Hälfte der Christen des Irak. Ihr Anteil an der Gesamtbevölkerung lag noch im März 2003 bei rund zehn Prozent. Seit Beginn des Krieges haben zwei Drittel von ihnen die Hauptstadt verlassen. Sie suchten Schutz im kurdischen Norden des Irak oder in den Nachbarstaaten Türkei, Syrien und Jordanien, wo ich viele von ihnen traf. Die Familie von Linda und Rita zum Beispiel, den beiden Mädchen, die zu den ersten Opfern der gezielten Christenverfolgung geworden waren. Dann Hana, von deren Sohn Wael wir an unserem ersten Tag in Jordanien in jenem Lebensmittelgeschäft erfuhren und die sich in Amman so tapfer selbst durchbringt. Dann Fahmi, dessen Onkel kaltblütig umgebracht worden war, als er Fahmis Eltern besucht hatte. Den Kopf hatten sie zur Warnung an alle anderen Christen auf die Straße geworfen. Und Helane, die Schwangere, auf deren Bauch sie so lange herumgesprungen waren, bis das Kind und fast auch Helane tot war. An all diese Familien und ihr furchtbares Leid musste ich denken, als ich nun das erste Mal in meinem Leben nach Bagdad kam.

Zuerst wollte ich Dora sehen, den Stadtbezirk, in dem einstmals viele Christen gelebt hatten und der jahrelang als der gefährlichste Bezirk Bagdads galt. Aufständische, schiitische Milizen und Al-Qaida-Anhänger hatten sich dort häufig Gefechte geliefert – untereinander und mit den US-Truppen. Hier kam es auch zu den ersten gezielten ethnischen Säuberungen mit Christen im Fokus. Am Stadtbild gingen diese Kämpfe und Anschläge nicht spurlos vorüber. Von vielen Häusern stehen nur noch Ruinen, manche sind infolge eines Brandes völlig verschwunden, haben Lücken in die einst geschlossenen Häuserzeilen gerissen.

Vor allem die Kirchen wurden zu Zielen von Brandanschlägen. Drei der Kirchen, die fast komplett zerstört, aber gerade noch begehbar sind, habe ich besucht. Danach konnte ich keine weiteren betreten. Es tat so weh, die kaputten Gotteshäuser zu sehen: die Fenster in Trümmern, die Kreuze alle heruntergeholt, die Altäre entzwei. Ein weiteres Mal musste ich an 1915 denken; auch damals sind in der Türkei viele Kirchen zerstört worden, das war Teil der ethnischen Säuberung. In der letzten der drei Kirchen, der St.-Jakob-Kirche in Dora, war es, dass ich keine Luft mehr bekam, ich musste weinen, musste hinaus auf die Straße, um Fassung ringen.

In Dora traf ich auch Edil und Yusef, ein Ehepaar, das vor den Unruhen in Bagdad in den Norden des Landes geflohen war. „Doch dort hatten wir keine Arbeit, wir mussten eine neue Sprache erlernen und in einem fremden Haus leben", erzählte die Frau. „Dann haben wir gehört, dass es in Bagdad wieder sicherer geworden ist." Sie überlegten nicht lange und gingen in ihre Heimat zurück, in der Hoffnung auf ein besseres Leben und darauf, dass das Schlimmste nun tatsächlich vorbei sei. Zurück in Dora fanden sie ihr Haus zum Glück nahezu unversehrt. Aber alles, was sie in der Wohnung zurückgelassen hatten, war zerstört oder verschwunden. Nicht einmal eine Sitzgelegenheit für Besucher hatten sie mehr. Edil musste sich von den Nachbarn einen Stuhl leihen, damit ich mich hinsetzen konnte. Und wie ihnen geht es gut 1500 Familien. Insgesamt werden rund 190 000 Dollar für Nahrungsmittel und Wohnungseinrichtungen benötigt, damit diese Menschen in ihrer alten Heimat, ausgestattet mit dem Nötigsten, einen Neuanfang wagen können. Für mich war schon sehr bald klar geworden, dass ich mein Engagement auf den Irak ausweiten musste. Denn die Christen, die sich entscheiden, hier zu bleiben oder durch die Umstände dazu gezwungen sind, brauchen unsere besondere Unterstützung. Sie sind es, die dem Exodus der Christen durch ihre Standhaftigkeit entgegenwirken. Und ausgerechnet sie sind von den Hilfsprogrammen der Vereinten Nationen, die nur in den Nachbarländern des Irak greifen, völlig ausgenommen.

Fünf Tage blieb ich in Bagdad. Ich war Gast im Haus von Kanna, der inzwischen von seiner Reise aus dem Norden zurückgekehrt war. Jeden Abend diskutierten wir bis spät in die Nacht über die aktuelle Lage und die Zukunft des Irak. Für mich war die Situation sehr verworren. Ich hatte das Gefühl, irgendwie arbeite jeder gegen jeden, und eigentlich habe kaum einer ein echtes Interesse an einer Demokratisierung des Irak. Für die großen islamischen Religionsgruppen, die Sunniten und Schiiten, ist eine demokratische Regierungsform nach westlichem Vorbild gegen den Islam gerichtet und somit ein Werk des Satan. Und auch die Kurden haben ein Interesse daran, die Christen des Landes gegeneinander aufzuhetzen, damit sie nicht als Einheit auftreten und so unter Umständen Einfluss gewinnen können. Und dann die vielen Mächte, die sonst noch von außen wie von innen auf das Land und ihre Bewohner einwirken. Als ein einziges großes Chaos erschien mir das alles. Und ich beneidete Kanna keineswegs um die schwere Aufgabe, der er sich hier stellte.

„Aber die Situation wird besser, Schwester!", sagte Kanna, und ich hatte das Gefühl, dass er sich mit diesen Worten selbst Mut zusprach. „Die Verfolgung von Christen hat in den letzten Monaten stark nachgelassen. Mit dem Abzug der Amerikaner und der Ablösung von Georg W. Bush durch Barack Obama stehen sie nicht länger im

Visier derer, die die Christen als Helfer und Freunde der Kriegsgegner ansehen."

„Aber sie sind immer noch den alltäglichen Anfeindungen anderer Muslime ausgesetzt, im Norden des Irak haben sie kaum Rechte und müssen eine andere Sprache lernen", warf ich ein.

„Aber sie sind nicht mehr in akuter Lebensgefahr, Schwester", sagte Kanna und schaute mir tief in die Augen. „Ist es nicht wert, um seine Heimat zu kämpfen, auch gegen Widerstände? Kann man dafür nicht Anfeindungen, Einschränkungen und materielle Verluste in Kauf nehmen? Du weißt doch, wie wichtig Heimat ist, oder?"

Ich wusste es, natürlich.

Von Bagdad aus flog ich wieder zurück nach Erbil. In Erbil hatte die Assyrian Aid Society in der Zwischenzeit zusammen mit einem Team, das ich zuvor dort gegründet hatte, ein Nahrungsmittelverteilungsprogramm vorbereitet. In drei christlichen Dörfern, in denen vorwiegend Inlandsflüchtlinge lebten, verteilte ich die portionierten Lebensmittel. 85 Familien konnten wir dort helfen. Jede bekam Lebensmittel und Dinge des täglichen Bedarfs im Wert von siebzig Dollar: Reis, Zucker, Salz, Tee, Trockenmilch, Waschpulver, ein Kilo Tomatenmark, Marmelade, Nudeln, weiße Bohnen. Einen Monat lang konnte eine Familie davon leben. Insgesamt gab ich im Irak 10 000 Dollar aus, 7000 hatte ich dabei, 3000 lieh ich mir vor Ort.

Zuvor hatte ich mir auf einem Amt eine Genehmigung holen müssen, um die Lebensmittel unentgeltlich verteilen zu dürfen. Ich wartete in dem Büro des zuständigen Beamten und starrte auf das überdimensionierte Bild von Masud Barzani, seit 2005 Präsident der Autonomen Region Kurdistan im irakischen Staatsverband.

Als der Beamte endlich zur Tür hereinkam, sagte ich ihm: „Ein Land, das eine Demokratie werden will, darf nicht auf den Schultern nur einer einzigen Person lasten."

Der Beamte folgte meinem Blick zum Porträt des Präsidenten, dann lachte er: „Keine Sorge, Schwester, das ist ein guter Mann, kein Saddam."

„Das ist egal", sagte ich, „wer sagt Ihnen, dass er nicht auch das Potenzial hat, ein Diktator zu werden?" Der Beamte zuckte die Achseln und stempelte meine Bescheinigung ab. Ich bedanke mich. Zum Abschied sagte ich: „Bauen Sie Ihre Demokratie auf Stein, nicht auf Erde."

Das war es auch, was ich mir für das ganze Land wünschte. Als ich es nach gut zwei Wochen verließ, hatte ich ein gutes Gefühl, alles in allem. Ich hatte gesehen, dass die Christen hier relativ sicher leben konnten. Dass die Verfolgung nicht oder nicht mehr so dramatisch war, wie sie mir die Flüchtlinge in Jordanien und Syrien ausgemalt hatten. Ich hatte gesehen, dass Normalität möglich war – wenn auch eingeschränkt und unter äußerst schwierigen Bedingungen. Ich hatte erkannt, dass Christen hier wieder leben, dass sie wieder hierher zurückkehren konnten. Nicht alle, das war mir klar. Wer im Irak Opfer von Entführung und Vergewaltigung geworden ist oder Angehörige verloren hat, dem ist es nicht zuzumuten, zurückzukehren. Doch alle, die nur aus Angst geflohen waren, ihr Hab und Gut zurückgelassen hatten, ihre Häuser und Felder, die, so glaubte ich, könnten ruhig wieder in ihre Heimat zurückgehen. Das wollte ich den Flüchtlingen auf meiner nächsten Reise in die Nachbarländer des Irak mitteilen und sie ermuntern, wieder zurückzukehren und die Heimat nicht aufzugeben, statt darauf zu warten, über ein Resettlement-Programm der

Vereinten Nationen ausfliegen zu dürfen – und damit endgültig alle Zelte hinter sich abzubrechen.

Es sollte nur wenige Stunden dauern, genau die Zeit, die ich brauchte, um aus dem Irak wieder zurück nach Deutschland zu fliegen, bis ich meine Meinung revidieren musste. Nachdem ich gelandet war, am 13. Juli 2009, erfuhr ich, dass bei einer Anschlagserie auf christliche Kirchen im Irak in den vergangenen 24 Stunden mehrere Menschen verletzt und vier Gebäude beschädigt worden waren. Wie der US-Nachrichtensender CNN unter Berufung auf irakische Behörden berichtete, wurden bei den Anschlägen in Bagdad insgesamt acht Personen verletzt. Drei Sprengsätze waren kurz hintereinander vor Kirchen im Zentrum und im Osten der irakischen Hauptstadt detoniert. In der Nacht zuvor war eine Kirche im Westen Bagdads bei der Explosion zweier Bomben beschädigt worden.

Und der Terror ging weiter. In einem Interview im Deutschlandradio sagte der katholische Erzbischof von Bagdad, Jean Sleiman, der Irak versinke in Anarchie. Der Staat funktioniere nicht mehr, wovon vor allem die religiösen Minderheiten betroffen seien. Er befürchtet, dass gerade die Christen systematisch eingeschüchtert und aus dem Irak vertrieben werden sollen.

Doch nicht nur die Christen sind gefährdet. Mitte August starben bei einer Bombenserie im Zentrum von Bagdad mindestens 95 Menschen, mehr als sechshundert wurden verletzt. Erst eine Woche zuvor waren bei einer anderen Serie in Bagdad und im Norden des Landes vierzig Menschen getötet worden. Mitte September kamen bei einem Selbstmordanschlag im Nordirak mindestens zwanzig Menschen ums Leben, 27 weitere wurden verletzt. Ende Oktober wurden dann bei den schwersten Anschlägen in Bagdad seit zwei Jahren mehr als 130 Menschen getötet und fast sechshundert verletzt. Die erste Autobombe detonierte an einer belebten Straße im Herzen der Stadt und riss zahlreiche Frauen und ältere Menschen in den Tod. Zehn Minuten später ging die zweite Autobombe im Stadtteil Salhijeh hoch. Vor dem Gouverneurssitz lagen Leichen verstreut. Über der Stadt stieg schwarzer Rauch auf.

Als ich auf meiner Tour im Oktober und November 2009 in den Libanon reiste, erfuhr ich von neuen Gräueltaten an den Christen. Nahezu das gesamte Dorf Bartelle in der Nähe von Mosul, in dem fast ausschließlich syrisch-orthodoxe Christen lebten, war auf der Flucht. Hier kam es verstärkt zu Kindesentführungen: Mitglieder von fanatischen islamischen Gruppierungen beobachten die Kinder der Familien und entführen sie direkt vor deren Augen. Sie fordern hohe Lösegelder, und bekommen sie diese nicht, töten sie die Kinder auf bestialische Art und Weise. Die Einwohner des Dorfes sind in den Libanon geflohen, weil andere Länder keine Visa mehr für die Iraker ausgeben. Der Libanon nimmt sie zwar auf – etwa 50 000 irakische Flüchtlinge leben hier –, jedoch ging vor zwei Jahren durch die Presse, dass rund sechshundert Iraker ohne Aufenthalts- und Arbeitsgenehmigung im Gefängnis gelandet waren und dort so lange festsitzen würden, bis sie zustimmten, in den Irak zurückzukehren. Im Februar 2008 allerdings, nicht zuletzt aufgrund von internationalem Druck, wurde den Illegalen eine dreimonatige Frist eingeräumt, um ihren Status im Libanon zu legalisieren. Sie mussten nun einen Sponsor auftreiben, der für sie eine vierstellige Summe US-Dollar hinterlegte. Danach mussten sie eine Wohnung und eine Arbeitsstelle finden.

Doch damit nicht genug: Die Lebenshaltungskosten sind im Libanon besonders hoch, so dass der Kampf ums Überleben hier noch ein etwas härterer ist. Um das Leben ihrer Kinder zu retten, nehmen die Flüchtlinge aus Bartelle all das auf sich. Allein im Oktober 2009 sind zweihundert syrisch-orthodoxe Familien über die Grenze gekommen.

„Wir haben als Christen im Irak überhaupt keinen Schutz, nicht unter den Kurden, aber auch nicht unter den Arabern", erzählte mir eine Frau, „die Christen sollten in Niniveplan bleiben, hieß es einmal. Dort aber versuchen die Kurden das Land von den Arabern und den Christen zu bekommen, damit sie es für sich alleine beanspruchen können." Tagtäglich bekommen die Christen Morddrohungen. Sie sollen sich zum Islam bekehren oder aus dem Land flüchten, andernfalls werden sie umgebracht. Es sind die immer gleichen Geschichten.

Auf dieser Reise, die mich auch nach Syrien, Jordanien und in die Türkei führte, begleitete mich Gabi Bisso. Er kommt ursprünglich aus Miden in der Südosttürkei, ist aber in Jordanien geboren, wohin seine Vorfahren nach dem Völkermord an den Christen 1915 geflohen waren. Seine Muttersprache hat er dennoch nicht verloren. Er spricht syrisch-aramäisch. So hatte ich zum ersten Mal auf meinen Reisen jemanden dabei, mit dem ich mich in meiner Muttersprache unterhalten konnte. Es machte vieles einfacher.

Vom Libanon fuhren wir in die Südosttürkei, zwei Tage waren wir auch im Tur Abdin, besuchten Klöster und Gabis Verwandte. In Miden, einem Dorf ähnlich wie Zaz, leben heute noch gut fünfzig christliche Familien. Im Zuge des Völkermordes im Jahr 1915 waren tausend Christen von hier geflohen. Eine weitere Fluchtwelle setzte in den 1990er-Jahren ein.

„Im Februar 1993 hatte man Lahdo Barinc, den syrisch-orthodoxen Religionslehrer des Dorfes, entführt", erzählte mir Gabi, „er war auf dem Rückweg von Midyat, als schwer bewaffnete Männern den Minibus, in dem er saß, überfielen und ihn herauszerrten. Die Entführer gaben sich als PKK-Kämpfer aus. Zeugen hatten jedoch gesehen, dass die Entführer Dorfschützer und Mitglieder der Hisbollah waren." Nach der Entführung hatten sich die Dorfbewohner Hilfe suchend an die Gendarmerie und an den Landrat gewandt, erzählte Gabi. Bei der Gendarmerie wurde ihnen gesagt, dass sie sich an die Entführer wenden sollten. Beim Landrat wurde ihnen gesagt, sie sollten sich ruhig verhalten und nichts unternehmen. Kurze Zeit später wurden die Dorfbewohner von Miden von den Behörden aufgefordert, einen Brief zu unterzeichnen, in dem stand, dass sie keinerlei Probleme hätten und ihre christliche Religion ungehindert ausüben könnten. Die Bewohner unterschrieben den Brief, aus Angst, dass Lahdo Barinc sonst ermordet würde. „Erst im September wurde der Religionslehrer freigelassen, gegen ein horrendes Lösegeld."

Wir fuhren in diesen zwei Tagen auch nach Zaz. Ich wollte Gabi mein Heimatdorf zeigen, aus dem – im Unterschied zu seinem – alle Christen verschwunden sind. Nur noch ein alter Mönch wohnt in dem Haus neben der Mor-Dimet-Kirche. Er war nach Schweden ausgewandert und ist nach Zaz zurückgekommen. Hier wolle er sterben, hat er mir einmal gesagt. Als ich mit Gabi durch die gespenstischen Ruinen spazierte, erschien mir mein Dorf auf einmal wie eine unheilvolle Metapher. Wird es so wie in Zaz bald überall aussehen, wo die Christen seit Jahrtausenden heimisch waren – verlassen, ausgestorben, verwaist, die einzigen verbliebenen Seelen in ihren letzten Atemzügen und ohne Nachkommen? Ich spürte eine unbändige Wut in mir aufsteigen. Tränen rannen mir über das Gesicht. Ich wischte sie weg, bevor Gabi sie sah, und sagte: „Komm, wir gehen in die Weinberge!"

Ich lief vor ihm her und merkte nicht, dass er kaum hinterherkam. Ich legte ein unglaubliches Tempo an den Tag, denn ich brauchte die Bewegung. Und mit jedem Schritt merkte ich, dass meine Kraft zunahm, die Kraft, die Gott mir gab, um dagegen anzukämpfen, was sich so unvermeidlich abzeichnete – das Verschwinden der Christen aus ihrer angestammten Heimat, ihre Verfolgung, ihr Leid, ihre Hilflosigkeit. Alles, so schwor ich mir, während ich die Hügel hinaufstieg, alles, würde ich tun, um das zu verhindern und um den Opfern zu helfen.

Ich hatte die Stelle erreicht, an der mein Vater vor vielen Jahren die Diebe durch List in die Flucht geschlagen hatte. Kurz musste ich lachen, als ich an meinen klugen und gewitzten Vater dachte. Doch dann überkam mich eine tiefe Traurigkeit. Eigentlich hätte er jetzt an meiner Seite sein sollen. Mit ihm wollte ich in diesem Herbst hierher reisen, doch hatte ich die notwendigen Papiere nicht zusammenbekommen. Seit unserer Flucht ist er nicht mehr hier gewesen. Keine Nacht vergeht, in der er nicht von seiner verlorenen Heimat träumt. „Einmal in meinem Leben, meine Tochter", hat er eines Tages zu mir gesagt, „nur ein einziges Mal möchte ich meinen Weinberg wiedersehen."

Zur Koautorin:

Cornelia Tomerius, freiberufliche Journalistin für Zeitungen und Zeitschriften, Buchautorin, Ghostwriterin sowie Redakteurin (etwa für die Reise-Beilagen der Frankfurter Rundschau und der Berliner Zeitung). Sie lebt und arbeitet in Berlin. Im Verlag Herder von ihr erschienen: „Ein Jahr in Istanbul".